敷金・職質・保証人
―知らないあなたがはめられる

自衛のための「法律リテラシー」を備えよ

烏賀陽弘道

ワニブックス
|PLUS|新書

まえがき――向こうがあなたを「被害者」に決める

「私は一生、法律のお世話になることはないだろう。まして警察や裁判所にかかわることなど、ありえない」

この本は、そう思って生活しているあなたのために書いています。

あなたは、まじめに仕事をこなし、子供を育て、家庭を守り、あるいは学校に通って勉強している。あるいは仕事や子育てでの現役を退き、第二の人生を歩んでおられるかもしれません。善意にあふれ、まじめに生きるあなたは、法律を守って生きるなど当たり前で、それを破る、触れることなど、考えも及びません。まったく視野の外なのです。

そうした暮らしでは、法律や警察、裁判所の存在を意識することすらないでしょう。

ところが、こうした平穏な「普通の生活」には、案外あちこちに落とし穴が開いています。そしてそこに落ちる人が意外に多いのです。

これからこの本で取り上げる例を箇条書きにします。

●賃貸住宅から転居した。本来は戻ってくるはずの敷金が勝手に部屋のクリーニングに使われていた。
●繁華街を歩いていたら、警官に呼び止められた。何も落ち度はないので、協力しようとかばんを開けたら、仕事に使う十徳ナイフが入っていた。警察はそれを「凶器」とみなし犯罪として立件した。裁判所も検察もまったくあなたの言い分を認めなかった。
●勤め先の店舗の賃貸契約の連帯保証人にされた。勤め先の会社が滞納した家賃を支払えと請求された。
●ネットで政治家を揶揄したら、いきなり逮捕されて有罪判決を受けた。
●20年前、20歳前後のときにハンコをついた契約書に拘束されて、自分が書いた音楽作品をネットで流せなくなった。

これらは、私が実際に取材して当事者に話を聞いた、あるいは私自身が身近で体験した話ばかりです。

こう思われるかもしれません。「この筆者は、報道記者という仕事をしているから、こうした事件に巻き込まれた人たちを数多く知っているのだろう。そういう人たちは特殊なのだ。多数の市民には関係のない世界だ」と。しかし、残念ながらそうではありません。この本で取り上げる人たちの大半は、私の個人的な交流範囲にいる人たちです。ごく普通に会社員や公務員などとして生活している人たちばかりです。私自身、こうして本にまとめてみると、自分の身の回りにそうした落とし穴に落ちた人たちが多数いることに驚いています。つまりそれだけ「落とし穴」はあちこちに口を開けてあなたを待っているのです。社会全体では、どれほどの数になるのか想像するだに恐ろしい。

どの例を見ても、善意で暮らしていた人たちが、金銭を奪われ、犯罪者にされ、財産や権利を侵害されています。

こうした「落とし穴」はふだんの生活では隠れていて見えません。ところが、そこに落ちる時は、あなたがふだんどれだけまじめに暮らし、どれだけ善意で人に接していたとしても、そんなことはまったく考慮されません。ある日突然、何の落ち度もないあなたに、厄災が「向こうから」やって来るのです。そして「一生縁がない」と思っていた法律、警察や弁護士、裁判所といった世界に、否応なしに引きずり込まれます。拒否できません。他に選択肢がないのです。

法律など知らない。どこまで拒否できて、どこからは拒否できないのか、わからない。弁護士の知り合いもいない。どこで探せばよいのかもわからない。何もかもわからない。真っ暗闇に放り込まれているうちに、あなたは犯罪者にされたり、失わなくてもいい金銭を失ったりします。繰り返しますが、それはあなたの意思や願望とはまったく関係がない。「向こう」があなたを「被害者」に決めるのです。


では、どうすればよいのか。私が見てきた「危険地帯」を知らせ、危険を回避する。そこから脱出するためのノウハウをシェアする。そのために、この本はあります。

現代日本社会にこれほど多数の「落とし穴」があると、それを「根絶」することは不可能です。まして、それを警察や検察、裁判所といった公的機関が是認し、日々の業務として推進しているのですから、なくせと言っても現実的には無理です。

しかし「そこにこんな危険があるよ」とみなさんにあらかじめ知っておいていただくことはできます。知っていれば「そこに近づかない」「近づくときは用心する」など、あらかじめ対策を講じることができます。

これは「地雷原」に似ていると思います。内戦や戦争中、敵軍の侵入を防ぐため、踏むと爆発する地雷を地中に埋めることがよくあります。ところが、戦争が終わった後もそうした地雷を多数埋めた地雷原が放置され、戻ってきた民間人が踏んで殺傷される事故が世界で後を絶ちません。

残念ながら、2018年の日本社会は、地雷原だらけと言わざるをえないのです。普通に暮らしているだけで、知らぬ間に地雷原に踏み込んでいることが多々あるのです。ならば、どこに地雷原があるのか。どうやって回避すればいいのか。もし不幸にして地雷原に踏み込んでしまったら、どうやって地雷を踏むことなく脱出できるのか。そうしたノウハウを書いてシェアしようと思います。

つまりこの本は「現代日本で生きていくために、避けられないリスクをみなさんに警告する」という目的を持っています。地雷原に近寄らぬよう、踏み込まぬよう、「この先地雷原」と書いた標識を立てておきます。踏み込んでも生還できるように、知識を備えてほしい。そう私は願っています。

社会生活を営んでいくために、自分で自分の身を守る知識のことを、私は広い意味での「リテラシー」と呼んでいます。リテラシーとは、もともとの意味は「文字の読み書きができる＝識字」のことです。しかし、現代ではもっと意味が広がっています。「情報がある形で提示されるに至った経緯や、発信者が隠そうとしている意図や目的まで批判的に見抜く能力」を指して「情報リテラシー」と呼ぶことはご存知でしょう。リテラシーは一種の「サバイバル技術」の意味を持つようになりました。ニュースの発信者の意図を批判的に知っておく「メディアリテラシー」や、インターネットでの情報流通の欠陥を知っておく「ネットリテラシー」といった言葉は、お聞き及びのことでしょう。

私がこの本で書こうとしていることは、現代日本社会で地雷原に踏み込まないように、地雷に吹き飛ばされないようにするために、我が身を自分で守る「自衛のためのリテラシー」です。そこには「法律」「契約」「司法」「インターネット」といった様々なジャンルのリテラシーが出てきます。そうした多種多様なジャンルの中から、みなさんの日常生活に近いものだけをトピックスごとに集めてみました。

この本がみなさんの平穏な生活を守る一助になることを心から祈っています。

第3章 連帯保証人になるということ

第4章　ネットに書き込んで逮捕される!?　177

第１章

敷金は簡単に取り戻せる

マンションでも一戸建てでもいいのですが、あなたが賃貸住宅を借りて、何年か後に引っ越して退去したとします。そのとき「敷金」は返してもらっていますか。「家主が返してくれなかった」「勝手に使ってしまった」というのがよくあるケースではないでしょうか。あるいは返金されるとさえ思わず、求めもしないまま、家主に持っていかれたまま「泣き寝入り」「忘れていた」になっているかもしれません。

敷金は原則としてあなたに返さなくてはなりません。もし家主が使ってしまったのなら、それは実は、家主があなたのお金を勝手に使っているのです。返還を求めることができます。返してくれなかったら、簡易裁判所に提訴すれば、簡単に戻ってきます。

敷金は全額返すのが原則

私たちが賃貸住宅を借りるときに、月々の家賃以外に払う料金がいくつかあります。「敷金」はそのひとつです。この敷金は、その賃貸住宅から引っ越して契約が終了したときは、借り主（つまりあなた）に全額返すことが原則です。

話をわかりやすくするために最初に整理しておくと、家賃のほかに支払うお金としては「敷金」のほかに「礼金」「仲介手数料」があります。「礼金」は家主のものになります。退去しても返ってきません。「仲介手数料」は物件を紹介した不動産業者の取り分です。これも戻ってきません。

この中で、敷金は最後まであなたが所有するお金です。所有者が家主には移らないのです。ここでいう「家主」とは、住宅を財産として所有する不動産所有者のことです。俗に「大家」とも呼ばれます（以下の文章では『貸主』＝かしぬし＝と呼びます）。貸主は、敷金を受け取っても、あなたのお金を預かっているにすぎません。退去時には返さなくてはならないお金なのです。ですから、あなたの承諾なしに使うことも許されません。

ところが、このあなたのお金である敷金を貸主が勝手に使ってしまう例が後を絶ちません。多くの場合は「部屋のクリーニング」などの理由によってです。彼らは「退去するときに部屋を原状に回復する」という契約書の一文をその根拠だと主張します。

しかし、これは誤解なのです。裁判所や国土交通省（賃貸住宅の所管官庁）も「こうした賃貸住宅の契約での『原状回復』とは『部屋を借りる前の状態に戻すこと』ではない」という判断を長年にわたって出しています。まして部屋を新築・新品の状態に戻すことでもありません。借り手が退去した後に部屋を掃除して、次の入居者に備える資金は、あなたが月々払う家賃にすでに含まれいてる。そんな判断が定着しています。

ここまで読んだだけでも「えっ！」とあなたは驚くのではないでしょうか。敷金は家賃の2～3カ月分、というのがよくある相場です。東京圏では20万～30万円、場合によっては50万円前後にもなります。昨今の庶民にとっては大きな金額です。本来なら、その金額があなたの元に返ってくるはずだったのです。もっと何か別の貴重なことに使えたのではないでしょうか。

敷金をみすみす捨てている

本来、敷金は「家賃の滞納に備えた預り金」という定義なのです。ですから、もしあなたが家賃を滞納していないのなら、貸主は敷金を使う法律的な正当性がありません。

この「敷金は本来は借り主の財産で、退去時に貸主が借り主に返さなくてはいけない」（例外はありますが、それは後ほど説明します）という原則は、なかなか認識が広まりません。借り主が知らないことが多いのです。知らないまま、本来は戻ってくるべき大金をみすみす捨てているケースが多い。一方の貸主も、実は知らないことが多いのです。「敷金は自由に使っていいものだ」と誤解していることが多い。

日本人の約４割は賃貸住宅に住んでいます（総務省『日本の住宅・土地―平成25年住宅・土地統計調査』）。特に30歳代以下の若い層に限れば、半数以上が賃貸住宅住まいです。そのうち何割が敷金を返してもらわないままになっているのか、正確に把握する方法はありません。が、全体としては莫大な金額になるでしょう。

例えば「国民生活センター」に寄せられる「敷金返還　原状回復をめぐるトラブル」相談は、現在全国で年間1万４０００件前後に上ります。１９９５年には年間３３００件程度でしたが、その後急増して、減る気配がありません。つまりは過去25年近く、この問題が貸主・借り主双方に知られないまま、同じトラブルが延々と繰り返されていることになります。そろそろこんな不健全な状態には終止符を打ったほうがよいでしょう。

かく言う私も、自分が経験するまでは、この「賃貸住宅の敷金」という大きな社会問題を知ることはありませんでした。17年間の会社員時代、転勤に次ぐ転勤、14回も引っ越す生活を送りながら、トラブルに巻き込まれるまでは、この大きな社会問題に気づかなかったのです。

まずは実例として、この私自身の経験をお話ししましょう。どうやって解決したのか、という話も参考になると思います。

不足分を払え！　仰天の「退去精算書」

2000年春、私は6年間住んだ東京都江戸川区の賃貸住宅を退去しました。同じ都内で、勤務先により近い賃貸住宅に引っ越したからです。住んでいた賃貸住宅は8階建て民間マンションの2LDK、家賃は月15万円弱だったと思います。

ところが、新しい家に引っ越して1カ月ほどして貸主から送られてきた「退去精算書」を見て仰天しました。入居のときに支払った敷金45万円を全部内装工事に使った。

それでも不足分が1万4000円出たから支払え、と書いてあったのです。明細を見ると、壁や天井のクロスを全部張り替えた、洗面台を新品に取り替えたとあります。しかし、どう考えてもそんなひどい傷や汚れを残した記憶がありません。何かを壊した事実もありません。念のために撮影してあった室内の写真を見返しても、そんな破損や汚れは見えません。

納得がいかないので、当時普及しつつあったインターネットで検索して、調べてみました。驚きました。建設省（当時。現在は国土交通省）が敷金返還について作成した「原状回復をめぐるトラブルとガイドライン」が出てきたのです。そこには「経年変化による自然減耗や、通常の使用の範囲内での減耗は、家主（貸主）の負担」と明記してあったのです。これだと、私のマンションの貸主はガイドラインに違反しています。

貸主に電話してみました。ガイドラインの存在と内容も伝えました。しかし、私の敷金はすでに工事業者に支払ったと、話し合いすら拒絶されました。困り果てて国民生活センターや弁護士会に電話してみたのですが、どこもカネを取り戻す強制力はないことがわかりました。つまり、仮に同センターや弁護士会が仲裁に入ったとしても、貸主が

「返さない」と拒否したら、取り立てる手段がないのです。どうにもなりません。「いっそ強制力のある訴訟を起こしてはどうか」とアドバイスされました。

それまで十数年間新聞記者や週刊誌記者をしていた私は、数え切れないほどたくさんの民事訴訟を取材していました。しかしそれはあくまで「傍観者」であって、自分が訴訟の当事者になったことはありません。やはり敷居が高い。弁護士費用もかかるのではないか。正直言ってビビりました。

あっけないほど簡単だった私の敷金返還訴訟

東京・霞が関に「東京簡易裁判所」があり、そこに相談窓口があるというので、恐る恐る訪ねてみました。意外なことに、係員は親切丁寧でした。

「弁護士？　いりません。『本人訴訟』で十分です。これに記入してください」

そう言って係員が手渡した「訴状」はA４用紙３枚。「敷金返還」の項目にマルを付け、敷金の金額、当方・相手方の住所氏名などを書式に従って記入。賃貸住宅契約書のコピーを２部添付しておしまい。まごつく私に、親切な係員さんが付き切りで教えてくれました。難解な法律用語が並んだ分厚い訴状を取材で見てきた私は拍子抜けしました。

予備知識を書いておきますと、裁判制度には「刑事」と「民事」の二種類があります。「刑事」は映画やテレビドラマでおなじみでしょう。犯罪を罪に問うため、裁判所に起こされます。都道府県の公務員である警察が証拠を収集します。国家公務員で司法試験に受かった検察官でなければ刑事裁判を「起こす」ことはできません。犯罪を放置すると社会秩序が破壊されますから、公益を代表して、国民が税金で維持する警察が証拠を集め（捜査）、検察庁がその処罰を裁判所に問う。裁判所が罰を決める。そういう仕組みになっています。裁判所が必要だと認めれば、個人の自由を拘束することができます（逮捕、勾留、禁固、懲役など）。

「民事裁判」は犯罪とは関係がありません。刑事裁判がパブリックな利益のためになされるのに対して、民事裁判はプライベートな、つまり個人と個人間の対立や紛争の解決を裁判所に決めてもらう制度です。裁判を始めるのに、検察官など「お上」に決めてもらう必要はありません。あなたが「訴状」を書いて裁判所に受理されれば、誰でも裁判を起こすことができます。

「弁護士を付けないと民事裁判を起こせない」と誤解している人が多いのですが、実は弁護士なしでも起こせます。現実には、訴訟の内容や書式が法律的に複雑になることが多いため、法律知識の専門家である弁護士を「代理人」として雇うことが一般化しているだけのことです。が、それはあくまで本人の「代理」にすぎません。弁護士を付けることは民事訴訟の「義務」ではありません。

では、敷金返還の解決を裁判所に求めることの長所は何でしょうか。それは裁判所には「差し押さえ」の権限がある、ということです。先ほど、いくら国民生活センターや弁護士が仲介に入っても、貸主が「返さない」と拒絶したら、強制的に貸主の財布を開かせる方法はないと書きました。裁判所にはそれがあるのです。仮に裁判所が「敷金を借り主に返しなさい」という判決を出したとします。それでも貸主が支払いを拒絶した場合、あなたは貸主の財産（銀行預金、給与、不動産など）を差し押さえることができます。つまりお金を強制的に取り戻すことができます。裁判所は「強制力＝権力」を行使できるのです。

私の経験やその後の見聞の範囲では、敷金の返還を拒否している貸主は、裁判所以外の「紛争解決機関」（前述の国民生活センターなど）が仲裁に入っても払わないケースが多い。結局、そうした機関に足を運び書類を作る時間は無駄になります。ならば、最初から民事裁判を起こした方が解決が早いのです。時間や労力の節約になります。それが私が経験から学んだ教訓です。

さて、私の敷金返還訴訟はどうなったのでしょう。

あっけないほど簡単でした。

東京簡易裁判所に払った費用は、切手・印紙代（裁判所の使用料）など1万3800円。法廷に行ったのは実質2回。かかった時間は合計3時間弱でした。

開廷日（口頭弁論といいます）を指定する通知が裁判所から来ました。霞が関まで地下鉄で行くと、会議室のような小さな法廷でした。小さいながらも、傍聴席もありました。ニュース映像で見るような壇上ではなく、円いテーブルの奥に初老の男性裁判官が座り、私と相手側の代理人弁護士が向かい合って座りました。

この出廷1回目で裁判官が「35万円を借り主（私）に返す」という和解案を提案しま

した。2回目で相手側が承諾して和解が成立。判決ではないのですが、裁判所での和解には判決と同じ強制力があります。差し押さえができます。これなら安心です。

相手側は弁護士を代理人に立ててきました。しかしこちらに不利はまったくありませんでした。私の書類や主張の法律的に至らぬ点は裁判官が懇切丁寧に教えてくれました。

念のために、傷や汚れを付けた事実がないことを部屋ごとに仔細に書き、証拠のビデオ画像を添付して提出しようとしましたが、裁判官によればそれは不要とのことでした。「敷金を返さない理由」を証拠立てて証明する責任（法律用語では『立証責任』と言います）は、貸主側にあるのです。提訴の段階では、あなたに「敷金を返すべき理由」を証明する責任はありません。「敷金を払った事実」「契約に従って退去を通知した事実」「敷金を返却すると契約した事実」をA４判用紙（2枚ほどでした）に書き、契約書と領収書のコピーを証拠として添付するだけでよいのです。

わからないことが出てきたときは、裁判官に質問すれば答えてくれました。

「なぜ和解金額が敷金45万円からマイナス10万円なのですか」

そう裁判官に尋ねると、こんな答えが返ってきました。

「相手側は弁護士を雇っていますから、10万円以上の弁護士料が普通はかかります。すると45万円以上の出費になります。結局は『最初から素直に返しておけばよかった』と思うでしょう。そういう金額です」

以下は後から他の弁護士に聞いた話です。貸主が和解を拒否して判決に突き進めば「45万円全額を返せ」という判決になる公算が高かった。弁護士はそれを知っているので「10万円マイナスで手を打て」と貸主を説得しやすい。裁判所はそれを見込んで、35万円の和解案を提示したのだろう。判決文を書くのは手間がかかるので、裁判官は処理件数を上げるために、まずは和解を提案するものだ。和解なら当事者同士の合意なので文面が簡単である。

私は「なるほど、そういうものか」と学習しました。

あっさり戻ってきた敷金35万円

貸主が和解案に合意して数日後、私の口座に35万円が振り込まれました。

ここでもし判決や和解があるのに相手が支払いを拒否するなら、裁判所で差し押さえの手続きを取ります。私は貸主の銀行口座を知っていました。家賃の振込先だったからです。そこへの入金を差し押さえる予定だったのです。が、入金があったので、差し押さえをかける必要はなくなりました。相手は「分割払いにしてくれ」と依頼してきたのですが、お断りしました。特に問題は出ませんでした。一件落着したのです。

35万円が戻ってきてみると、これは当時の私の月収とほぼ同じ金額。けっこうありがたい額でした。本来は自分の財産が戻ってきただけなのですが「臨時収入」「ボーナス」のように感じました。裁判所に足を運んだ時間が合計3時間。書類をつくる時間を足しても、1日もかかっていません。

多少の不謹慎を承知でいえば「たった1日の作業で35万円が入ってくるとは、ものすごく費用対効果が高い仕事だ」と思ったものです。もしあなたがなおも「面倒くさい」「裁判所は敷居が高い」と感じられるなら、そういうふうに考えてみてはどうでしょうか。裁判制度や法律、契約の実地学習としても、非常に有益な体験になるでしょう（この私の体験は、当時私が所属していた朝日新聞社のニュース週刊誌『ＡＥＲＡ』２００

０年12月４日号で記事にしました。ご興味のある方は記事を探してください）。

なお、ご参考までに。民事裁判で、請求金額が１４０万円以下なら、担当は「簡易裁判所」です。それ以上なら「地方裁判所」の所管になります。これはまったく別の組織です。建物も別であることが多いので、無駄足にならぬよう注意してください。

また、請求金額が60万円以下なら、簡易裁判所で「少額訴訟」というラインに乗ります。これだと、１回の法廷で判決が出ます。裁判所に１回行くだけで判決がもらえますので、時間と金銭、労力の節約になります。

また裁判所は「調停」「支払い督促」という制度も用意しています。が、こちらでは、相手側が同意しなければ、結局は「裁判」で判決を求めることになります。「敷金を返さない」と言っている相手ですから、調停や支払督促では合意しない可能性が大きい。最初から提訴して判決を求めた方が時間や労力の節約になってよいでしょう。

もし提訴しても貸主が無視して何も応答しないなら、しめたものです。民事裁判では、提訴を無視して期限を過ぎてしまうと、提訴した側の主張を全面的に認めたと裁判所が判断します。よって、全額の差し押さえをする権利があなたに発生します。

反対に、あなたが貸主なら、訴状が裁判所から届いたら、無視してはなりません。相手の請求を認めるのか争うのか、裁判所に期限内に返答してください（『応訴』と言います）。期限は裁判所からの通知に必ず書かれています。そうでないと、相手が請求する金額通りに財産を差し押さえられ、非常に不利なことになります。

この一件で興味を持った私は「敷金返還の基準」についてさらに詳しく調べてみました。驚くことばかりでした。いかに自分が何も知らなかったかを思い知らされました。

賃貸住宅を借りるときには「退去時に『原状回復』をする」と契約書に盛り込まれていることが普通です。しかし、この「原状回復」という言葉が曲者なのです。ご記憶いただきたいのですが「原状回復」とは「部屋を借りた時の状態に戻すこと」ではありません。国土交通省から賃貸住宅管理業者の団体、学説までこの点は一致しています。そして裁判所の判例もこの流れに沿っています。

あなた（借り主）が常識的な生活を送り、掃除や手入れをしながら部屋の維持管理をしていれば、敷金は全額返すのが原則です。

箇条書きにしてみましょう。次の部分は、あなたは負担する必要がありません。

●建物・設備などの自然的な劣化。損耗など＝「経年変化」

●通常の使用によって生じる損耗＝「通常損耗」

つまり、自然に色あせたり減耗していく部分は、文字通り「時間が経てば自然にそうなる」のであって、借り主には関係がない。あなたは負担しなくていい。そしてこれが重要なのですが

●次の入居者獲得のためのグレードアップ・化粧直し

これもあなたが負担する必要はありません。

「経年変化や通常損耗は、減価償却として月々の家賃で支払われている」

「その損耗分を新品に戻すために敷金を支出するのは、借り主にとっては二重の負担であり、貸主には不当利得に当たる」

これが国土交通省の見解です。

私のケースでいえば、次の入居者に備えて商品価値を上げるために洗面台を新品にする、などは私が負担すべき範囲ではありません。風呂桶の取り替えもこれに当たります。貸主の財産である賃貸住宅が、新築から時間が経って「新品」でなくなり、価値が下がるのは当たり前のことです。これは借り主がいようと、空き部屋のまま時間が経過しようと、同じです。

これを次の入居者を募集するときのために財産価値を上げようとして、新築状態に戻すような「グレードアップ」を敷金ですることは許されません。新築から時間が経過することで資産価値が低下した分は「減価償却」として固定資産税の支払金額が減少していきます。また減価償却分は月々の家賃で支払い済みであることは前述の通りです。つまり貸主はすでに時間経過による負担減を手厚く受け取っているのです。それをさらに敷金でまかなうことが許されないことはもうおわかりでしょう。

一方、何か備品や設備を「壊した」「掃除で取れないほど汚した」というレベルになると、これは借り主が負担して直さねばなりません。これは故意か（そんなことあってはならないのですが）事故かを問いません。

この傷、貸主と借り主どちらが負担する？

具体例を挙げていきましょう。あなたが退去した後、次のような跡が残っていたとします。それを直す費用は誰が負担するべきなのでしょうか。国交省のガイドラインを基に列挙します。

〈貸主（家主）が負担すべきもの〉

●専門業者によるハウスクリーニング

●クリーニングで落ちる程度のたばこのヤニ

●テレビ・冷蔵庫などの背後にできる壁の黒ずみ（電気焼け）
●壁に張ったポスターや絵の跡の変色
●壁のピンや画鋲の跡
●エアコンを設置した壁のビス穴
●破損のない畳の裏返し、表替え。
●フローリングのワックスがけ
●家具の重みによる床やカーペットのへこみ、設置痕
●日照による畳やフローリング、壁やクロスの変色、色落ち
●破損のない網戸の張り替え
●地震で破損したガラスの取り替え
●網入りガラスの自然破損
●台所・トイレの消毒
●破損のない浴槽や風呂釜の取り替え
●鍵の取り替え

〈借り主が負担すべきもの〉

●日常の不適切な手入れ・用法違反による破損
●壁の結露を放置して発生したカビ
●エアコンからの漏水を放置して生じた壁の腐食
●壁のネジ・釘穴
●天井に直接取り付けた照明器具の跡
●引っ越し作業による傷
●台所の油汚れ
●雨が吹き込んだことによるフローリングの色落ち
●カーペットに飲み物などをこぼしたカビ・シミ
●キャスター付きの椅子による床の傷
●落書き
●ペットによる傷・臭い

こうした例を並べてみると、判例やガイドラインが意味することが見えてきます。

つまりは「借りた部屋では、時折は掃除をしながら暮らしてください。事故にせよ故意にせよ、備品や設備を壊したり汚したりしてはいけません」というごく常識的な線に落ち着くのです。

例えば、一般的な暮らしをしていれば、冷蔵庫やテレビ、エアコンを置くのは普通でしょう。その跡に電気焼けやビス穴が残っても、それは「通常の生活」の範囲内である。同じように、壁に画鋲やピンでポスターやメモを貼ることはあるでしょう。その穴や、壁の日焼けの色の差ができても、それも「通常の生活」である。タンスや机を置くのも当たり前です。その設置痕が床にできるのも「通常の生活」です。

また、時間が経てば、新しい畳が古くなる、フローリングが色あせる、壁紙が退色する、網戸が古びる、などは「自然減耗」の範囲内です。借り主がいようといまいと、時間が経てば発生するのですから、入居者には関係がない。それを取り替えても、借り主に費用を負担する義務はありません。

一方、「借り主が負担すべきもの」からも「常識的な生活の範囲」がうかがえます。その「意味」を解釈してみましょう。

●壁の結露を放置して発生したカビ＝壁が結露したら拭き取ってください。放置してカビが生えると修理する義務が発生します。

●エアコンからの漏水を放置して生じた壁の腐食＝エアコンから漏水したら、すぐに拭き取って修理してください。放置して壁が傷んだら修理は借り主の負担です。

●雨が吹き込んだことによるフローリングの色落ち＝雨が降ったら窓を閉めてください。吹き込んだら拭き取ってください。放置して色落ちしたら借り主の負担です。

●台所の油汚れ＝ときにはコンロや換気扇は油汚れを掃除してください。

●カーペットに飲み物などをこぼしたカビ・シミ＝こぼしたら、拭いて掃除してください。シミやカビが残るような放置をしないでください。

●落書き＝子供が壁や床に落書きしたら、消してください。

●ペットによる傷や臭い＝借り主が自分で直してください。

よく考えてみると、これらはどれも「常識的な生活形態」を求めているにすぎません。

もしあなたにお子さんやペットがおられるなら「落書き」「ペット傷・臭い」の修理を借り主に求めている点は見落とさないでください。子供であれペットであれ、消せない傷や跡を残せば、それは「常識的な生活形態」とは認めてもらえなくなります。

よく見ると「これは微妙だな」という項目もいくつかあります。

「たばこのヤニ」は、クリーニングで落ちる程度なら貸主の負担です。しかし、こってりと分厚く積もったヤニだと借り主の負担になった判例もあります。つまり程度によって判決が分かれているのです。

「家具の重みによる床やカーペットのへこみ、設置痕」をあなたは負担する必要はありません。しかし「キャスター付きの椅子による床の傷」は負担すべし、とガイドラインは言います。キャスター付きの椅子を使えば床に傷が付くのは避けられないでしょう。しかしガイドラインは「キャスター付きの椅子」を使用することは「通常の生活ではない」と言っています。

イラストレーターや翻訳家、デイトレーダーなど、自宅で仕事をする自営業者（私もその一人です）にとっては、にわかには首肯しがたい判断です。椅子の下にシートを敷くなどして自衛しなくてはなりません。

また「画鋲やピンの穴」はよいが「ネジや釘の穴」はだめだ、とガイドラインは言います。両者の差異はかなり小さい。ピン穴と釘穴をどうやって見分けるのか。借り主は壁にメモやポスターを張った状態で写真を撮ってから退去する、など自衛せねばなりません。画鋲しか使ってないのに、退去後に貸主が「釘穴が開いていた」と主張する可能性があるからです。

そうしたトラブルを徹底的に避けるなら、ピンも画鋲も一切使わず、市販のポスター用粘着剤を使うなど自衛策を講じる必要があります。私自身の体験でもそうだったように「壁に釘穴が開いていた」と主張して、貸主が壁紙全体を張り替えることもあるからです。すると、数万円の工賃・材料費を要求されることも予想できます。

賃貸契約書を捨てるべからず

なお、ここまでの話の大前提として言うまでもないことですが、敷金の返還が済むまでは、退去して新居に引っ越しても、賃貸住宅の契約書を捨ててはなりません。必ず保存してください。全ページをスマホで撮影してデータをクラウドに保存しておけば、紛失することもなく安心です。

あなたが新居に引っ越した後になって、大家がハウスクリーニングに敷金を使い切ってしまい、返金するどころか、さらなる負担を請求してくることも（私の場合のように）あります。そこで契約書がなければ、あなたは不利です。敷金の返還が終わるまでは、かつての家の賃貸契約は終わっていません。貸主が返還しないなら、督促してください。決して気を緩めないでください。

反対に、契約書さえ残してあれば、3年以内なら請求・提訴できます。民事訴訟の時効は「損害を知ったときから3年」です（『不法行為による損害賠償・慰謝料の請求権』と言います。民法第724条後段に明記されています）。「もう手遅れだから」と簡単に諦めないでください。

なお、念のために申し添えますと、あなたが物件を見つけるときにお世話になった不動産の仲介業者は、敷金の返還ではまったく無関係です。仲介業者に「敷金を返せ」といくら声を枯らして叫び、お百度を踏もうとも、無駄です。賃貸住宅契約の法律的当事者ではないからです。「伝言役」「連絡係」でしかありません。

あなたが「敷金を返せ」と求める相手は、賃貸契約書に書いてある「貸主」です。仲介業者を相手にするだけ時間と労力の浪費ですので、やめましょう。仲介業者も、退去するあなたの求めに応じても一銭にもならないので、やる気がないと考えてください。また、仲介業者は自分が敷金返還に法的責任がないことを知っています。なおのことやる気はないと考えたほうがよいでしょう。

直に貸主に連絡してください。会ったこともない相手かもしれませんが、遠慮することはありません。契約当事者なのですから、何も不法性・違法性はありません。電話では記録が残らないのでやめましょう。記録が残らないと、裁判で証拠になりません。メールは手元に記録が残るからいいのですが、貸主のアドレスがわからないことが多い。

そんな時は、日本郵便（つまり郵便局）の「内容証明郵便」を使ってください。「Xという文面をY年M月D日に住所Aに住むPさんに配達した」と日本郵便が証明してくれます。内容証明郵便を使うと、相手が「そんな話は聞いていない」と否定することができなくなります。裁判になっても「間違いなく敷金返還を求めた証拠」として使えます。

難しくありません。最近はネットから内容証明郵便が送れます。

https://www.post.japanpost.jp/service/enaiyo/

さて、ここでちょっと視点を大きく構えて、社会的背景について書いておきましょう。

当時の建設省が「敷金返還をめぐるトラブルとガイドライン」を最初に作成したのは1998年、今から20年前のことです。

それまでは「減耗」の種類を分けて考える習慣が、賃貸住宅業界にはありませんでした。自然減耗も破損も一緒くただったのです。そのために長年「新品で借りたら新品で返す」という商習慣が慣例化していたのです。

考えてみれば、これは馬鹿げた習慣です。レンタカーを借りても、新車に買い換えて返す必要はありません。タイヤを新品に替えて返す必要もありません。「借りたものを返す」時の商習慣として、賃貸住宅だけが特異だったのです。

なぜそんな習慣が定着していたのかというと、長年、日本の賃貸住宅市場では「貸主（大家）優位」が続いていたからです。賃貸住宅の供給量より需要量が上回り、借り手は「部屋を貸してもらう」立場だった。貸主の要求に従うしか選択肢がなかったのです。

ところが、１９９１年から93年にかけてのバブル経済の崩壊で、この状況は反転します。土地・住宅価格は暴落しました。賃貸住宅の家賃相場も下落します。さらに少子高齢化と人口減少が加わり、空き家率が上昇しました。つまり賃貸住宅の供給が需要を上回り、だぶつき始めたのです。貸主から見れば、バブル時代は「借り手はいくらでもいる」「貸してやる」という態度でよかったのが、崩壊後は「探さないと借りてくれる人がいない」「借りてもらう」に逆転してしまったのです。

大家さんの立場が強い時代は終わった

賃貸住宅の管理業者の団体である日本賃貸住宅管理協会は、２０００年の時点で私の取材にこう話したものです。

「（新品で借りたら新品で返すという商習慣は）現在それは誤りであると結論付けています」

当時、私はこの発言にびっくり仰天しました。私が接した貸主の態度が「誤りである」と業界団体が断言したからです。

建設省（当時）の賃貸住宅担当課であり、ガイドラインの所管部署である民間住宅課の担当者も、私の取材にこう言いました。

「礼金や更新料を含め、大家さんが圧倒的に強かった時代の商習慣は終わりつつある。大家さんの言うことに従わなくても、物件はいくらでもある。古い感覚の経営者はドロップアウトしていくしかないでしょう」

「訴訟にしますよ、と貸主に伝えるだけでも効果がある。第三者の力で商習慣が変わるという点で、少額訴訟はいい手段だと思う」

あなたのように賃貸住宅を借りる人にとっては、監督官庁も業界団体も裁判所もこぞって権利を保護してくれる、大変いい時代がやって来たといえるでしょう。

しかし一方、こうした時代の変化から20年以上が経っているのに、前述の通り、現場では貸主と借り主のトラブルが絶えません。これはなぜでしょう。

ひとつには、これが貸主にとって都合の悪い話だという事実があります。できれば借り主には知ってほしくない内容です。借り主が無知なままなら、こっそりと敷金を使ってしまえます。そうして「知らないふり」をして敷金を使ってしまう人もいるでしょう。また昔の商習慣から抜けられない人もいるでしょう。不勉強で、新しい時代の商習慣を知らないままの貸主もいるでしょう。

実は私は、自分が敷金を取り戻す経験をした後、背景をさぐる取材をしました。賃貸住宅だけでなく、広く不動産業界内部の人々に会って話を聞いてみたのです。すると興味深いことがわかりました。ローンの問題が出てきたのです。

土地を持っている地主が、賃貸住宅を経営したいと思ったとします。その土地の規模や、都心・最寄りの駅からの距離などから「ファミリーあるいはシングル向けに広さP平方メートルの部屋をQ室つくり、家賃をR円に設定する」という「設計」をするのはマンション業者（ディベロッパー）です。最終的にその形態を「マンション」にするにせよ「アパート」にするにせよ「戸建て」にするにせよ、建物の建築費を即金で払える地主は稀です。多くは銀行からカネを借りて返済のローンを組みます。

いざ建築が終わり、入居者が入り、家賃を払う。これが家主の収入になります（『礼金』も収入になることがあります）。一方、家主は建築費のローンを払わなくてはなりません。この「家賃収入マイナス・ローン返済額」が家主の利益になります。

ここで私が取材で聞いた話になります。こうした収益シミュレーションの過程で、地主に「敷金も家主のものになる」と業者が説明しているケースが多々あるというのです。この場合、家主は敷金を懐に収めることを前提にローン返済計画を組んでいることになります。敷金が手に入らないと、計画が狂い、場合によっては返済不履行に陥りかねません。不履行が続くと、銀行が土地とマンションを差し押さえ、競売にかけて売ってしまいます。家主にとっては死活問題です。

私が入居していた賃貸マンションは、入居した１９９４年当時は新築でしたから、バブル崩壊以前の「旧時代」にそうしたローン設定が行われた可能性が高い。家主の感覚は旧時代のままだったのでしょう。そして敷金が手に入ることを前提にローンを組んでいるから、返そうとしなかった。そう考えると家主の行動に合理的な説明がつきます。

もしそうなら、家主にとっても不幸な事態です。マンション業者は、建築を終えて物件を引き渡し、銀行から工事代金を受け取れば、去っていきます。賃貸住宅の契約は家主（貸主）と入居者（借り主＝あなた）の間で結ばれます。敷金返還でトラブルが起きても、マンション業者は法的な関係がありません。知らんぷりをしても不法でも違法でもありません。家主が「いざマンション経営を始めてみたら、業者から聞いた話と違うじゃないか」と気づいても後の祭りです。

私は、この物件から退去した後、都市基盤整備公団（現在は『ＵＲ都市機構』）の物件にも住みました。そちらを退去したときには、こちらから求めなくても、敷金は全額返還されました。ＵＲのような公的な性格の強い貸主だと、国交省の定めたルールが徹底しているようです。

ルール違反の契約書は書き換えてもらおう

さて、こうした「新しい時代」を反映して、最近は賃貸住宅の契約書に「敷金の返還に関する特約事項」を盛り込んでいる例が多くなっています。

そうした事例をよく見ると、ちゃっかりと「退去後のハウスクリーニング代は借り主の負担とする」「畳や壁紙の張り替えは借り主の負担」などと書いてあります。これは国交省のガイドライン違反です。こうしたケースは、あなたが敷金返還のルールについて無知であることを利用して、不当な利益を上げようとしていると言わざるをえません。

どうやって自衛すればよいのでしょうか。

まずは賃貸物件の仲介業者の窓口に行って、契約書を見せてもらってください。たいてい、業者は定形の契約書を作って用意しています。そして、国交省のガイドラインと突き合わせてチェックしてください。国交省のホームページに原本が出ています。「原状回復をめぐるトラブルとガイドライン」で検索すればすぐに出てきます。

http://www.mlit.go.jp/jutakukentiku/house/jutakukentiku_house_tk3_000020.html

そして、ガイドラインに違反している契約内容を見つけたら、ガイドラインのコピーを仲介業者に見せてください。「これは、国交省が定めた敷金返還のルールに違反しています。将来、法的紛争になりかねません」と告げ、契約書の書き換えを求めてください。本書を持参して、業者に見せてもらっても構いません。

印刷された契約書は、あたかも変更不可能なように見えますが、惑わされてはなりません。契約当事者（あなたと貸主）が合意すれば、内容は自由です。いくらでも書き換えて構わないのです。契約とは当事者の合意事項にすぎません。内容は一つひとつ違ってよい。

仲介業者が「ウチは一律にこの内容でお願いしています」と言っても、それは業者が間違っているのです。社員教育が徹底せず、係員がガイドラインに無知であることもあり得ます。そんな業者には「国交省と日本賃貸住宅管理協会に報告して判断を仰ぎますが、よろしいですか」と告げてください。特に国交省は不動産仲介業者にとって死活的に重要な宅建業免許を取り消す権限を持っています。そこに報告する、というのは仲介業者にとってイヤな話です（なお、単一の都道府県内だけで営業する業者だと、都道府県が免許権限を持ちますので、都道府県庁に報告してください)。

もし仲介業者がどうしてもガイドラインに抵触する契約を変えないようなら、ただちに立ち去り、別の業者を探してください。そして国交省(または都道府県庁)に報告してガイドライン違反の事実を述べ、その業者の免許の取り消しを求めてください(仲介業者は免許番号を事務所や広告に掲示しています)。監督官庁の決めたルールを破る悪質な業務をしているのですから、当然です。

また、昨今の新時代では、賃貸物件ひとつを見送っても、代わりはいくらでもあります。仲介業者も無数にあります。次の業者に行きましょう。

ツイッターやフェイスブックなどSNSで「ガイドラインに違反する契約を強要する業者がいた」と公知するのもよいでしょう。そもそも、敷金返還のルールを知らない客につけ込むような業者は、悪質なのです。そんな業者は、消費者が淘汰し、市場から退場してもらえばよいのです。そのほうが公共の利益にかないます。遠慮することはありません。公知することで、次の被害を防げるのですから。

繰り返しますが、納得できない契約書の文言は、ペンで線を引いて削除してもらってください。あるいは追加してもらってください。そこに貸主の訂正印を押してもらいましょう。これは後の章で述べることにもつながるのですが、納得できない文言が一行でもあるなら、契約書に署名・捺印しては絶対にいけません。

署名・捺印してしまったら最後、それは「あなたが納得ずくで合意した」証拠に使われます。いざ裁判になれば、相手側はもちろん裁判官も「あなたも契約内容に合意して署名・捺印しているじゃないですか」と言います。「内容を読んでいませんでした」「理解していませんでした」という弁明はまったく力を持ちません。「内容も理解せずに署名・捺印する方が悪い」というふうに解釈されます。

もし大事を取るなら、いったん契約書を持ち帰り、敷金返還など不動産事件に詳しい弁護士に見せてセカンドオピニオンを仰ぐのがよいでしょう。そして「削除した方がよい文言」「明文化した方がよい文言」を教えてもらってください。それに沿って契約書を書き換えてもらってから、署名・捺印するのです。自分で契約書を書いて持参してもよいでしょう。大金がかかっています。それぐらい慎重に構える必要があります。

ここまで読んで、あなたはどうお感じになっているでしょうか。

「家を借りることに、そんなに怖い落とし穴があったのか。書いてあることをメモして、次回の引っ越しのときは気をつけよう」

そう思われるなら、健全です。

「たかがマンションを借りるのに、なんと面倒くさい」

「そんな面倒なことはとてもできない」

そうお感じの方もいらっしゃるのではないでしょうか。

おっしゃる通りです。実に面倒くさい。疲れます。自分の経験でも、それは痛いほど実感しました。

しかし、その「面倒くさいこと」を引き受けないと、自分の身を守れません。

そんなあなたの無知につけ込んで不当な利得を上げよう、つまりあなたのお金をくすねようとする人たちが、実に多いのです。この章を読んだ方は「賃貸住宅を借りる」というごくありふれた行為にも、そうした人たちがたくさん存在することがおわかりでしょう。「ガイドライン」は20年も公知されているのに、まだこんな有り様なのです。

本当にイヤな世の中ですが、これが現実です。現実を否認して生きていくことはできません。

もちろん、あなたが「家賃の２～３カ月分に相当するお金を捨ててもいい」と思えるほど裕福な方でしたら、まあ、いいでしょう。この章で私が書いたことはきれいさっぱり忘れてください。

もしそうでないなら、自分の財産は自分で守るしかない。そんな自衛のための知識を、私はこの本で共有しようとしています。

第2章

突然の「職務質問」、恐怖の顛末

「職務質問」に進んで協力したら……

あなたが繁華街の人混みを歩いていたとします。通りに立っていた制服の警官が「こんにちは。ちょっといいでしょうか」と話しかけてきました。いわゆる「職務質問」です。何もやましい覚えのないあなたは、進んで協力します。警官の求めに応じてショルダーバッグを開けます。すると警官が、あなたのバッグの内ポケットに、仕事で使う市販のマルチツール（ドライバーや缶切り、ワインの栓抜きなどが一つの躯体に収まる工具）が入っているのを見つけます。「署まで同行してほしい」と言います。犯罪など縁すらないと思っているあなたは、それにも応じます。

ところが警察署に入ると警官は、そのマルチツールに入っているナイフが法律に触れると言って、あなたを法律違反、つまり容疑者として調書を取り始めたのです。

あなたはびっくりします。こんなことは何かの間違いだ。弁護士や検察官、裁判官に話せば誤解は解ける。そう考えて、警察署を出てすぐに弁護士に連絡します。しかし、警察はさっさとあなたを「被疑者」として検察に書類を送ってしまいます。弁護士が登場したときにはすべては手遅れでした。検察庁はあなたの言い分も聞かず、不起訴処分にします。「犯罪はなかった」のではありません。犯罪はあったが、裁判はしないであげる、と言うのです。

あなたは身が引き裂かれそうな怒りと悔しさを経験します。まるでカフカの『審判』のような不条理な世界が突然現実に立ち現れるのです。

どう思われますか。「まさか、そんなことがあるわけがない」と思いませんか。「私は法を守って生活している。そんな私が犯罪者にされることなど、あり得ない」と思っていませんか。

この実話の当事者である木曽直和さん（仮名）も、そう思っていたのです。自分がそうなるまでは。

まず最初に、木曽さんのショルダーバッグに入っていた「マルチツール」と同じ製品をご覧ください。このツールが「軽犯罪法」が規定する「他人の生命を害し、又は人の身体に重大な害を加えるのに使用されるような器具」だとして、警察は木曽さんを同法違反で立件し、検察庁に書類送検したのです。

これはスイスの「ビクトリノックス」社が出している製品です。赤い躯体やロゴに見覚えのある人も多いでしょう。ドライバーや缶切り、コルク栓抜きなど37種類のツールが収納されています。キャンプや登山など、アウトドアスポーツにも人気が高い。1つ9000円前後で、アマゾンなどネット通販でも買えます。ありふれた市販品といえるでしょう。

6・8センチのナイフは「凶器」!?

この37種類の道具の中に、下のような刃渡り6・8センチのナイフが含まれていたのです。

警察はこれが軽犯罪法でいう「凶器」だと判断したのです。とはいえ、下の写真でわかるように、荷造り用カッターナイフとくらべてもはるかに小さい。

記者としての仕事を離れた普通の市民の感覚で言うと、このマルチツールを持つことがどうして犯罪になるのか、私の理解を超えます。

一体これはどういうことでしょう。

木曽さんは大手の電機メーカーに勤務するエンジニアです。私大工学部の修士課程でメカトロニクスを専攻・卒業した後、Ｆ社、Ｔ社など誰もが名前を知る大手企業に合計30年近く勤めてきました。コンピューター・ハードディスクの設計者として、業界では名前が知られていま

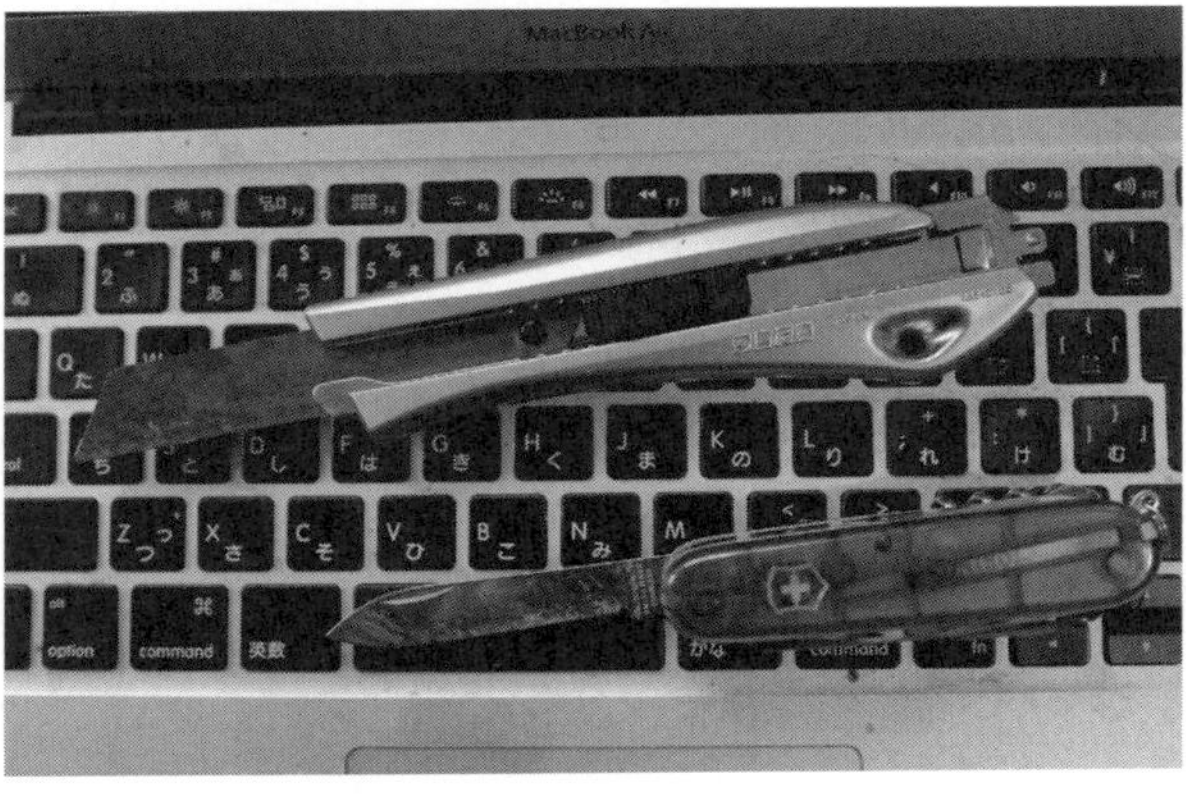

す。1998年から3年間、アメリカ・シリコンバレーに駐在して、世界的なIT企業のサーバー管理を担当していたこともあります。結婚して都内に家を構え、20歳を筆頭に3人の子供を育ててきました。

実は、私はこの事件の取材を通して木曽さんと知り合ったのではありません。木曽さんが事件に巻き込まれる前から、もともと友人だったのです。二人ともカエルが好きで、Facebookで知り合いました。春先に一緒にカエルの産卵を観察に出かけたりする「カエル仲間」でした。

個人的な友人ですから、人柄を知る機会も多いのです。カエルのような自然の生物が好きだということでもわかるように、穏やかな物腰の、心優しい人です。声を荒げる姿すら見たことがありません。おそらく犯罪や暴力からはもっとも遠いところにいる人だと私は感じます。

個人的な感想を言えば、木曽さんが刃物の所持で書類送検された、と後から聞いて「そんな馬鹿な」と驚愕しました。傷害や暴行など「粗暴犯」として逮捕されたことのある人たちを記者として何人も見てきた私の素直な実感でした。

趣味と仕事で訪れた秋葉原での悲劇

その日、２０１０年３月６日は土曜日でした。仕事は休みです。木曽さんは東京都青梅市の単身赴任先から、都内の自宅に帰る途中、秋葉原に立ち寄りました。中学生のころから電子工作が趣味だった木曽さんにとっては、秋葉原の電気街は休日であっても足が向く場所です。自分が設計したハードディスクが店頭でどう扱われているか、ＰＣパーツショップを見て回ります。ライバル社の製品にも目を配ります。木曽さんが「巡回」と呼ぶ、くつろぎの時間でした。

午後2時20分ごろ。木曽さんは、メインストリート（中央通り）から一筋入ったパソコンショップの並ぶ通りを歩いていました。すると、右側にいたらしい制服の警官が２人、突然前をさえぎったのです。中年と若者の２人組でした。

中年の警官が敬礼をしながらこう言いました。

「何か危険なものは持っていませんか。ナイフとか」

そんな覚えのない木曽さんは言います。

「持っていないと思います」

「カバンの中を拝見させていただけますか」

やましい覚えのない木曽さんは「はい。どうぞ」と言って自らショルダーバッグを開けて中を見せました。

その内ポケットにマルチツールが入っているのを警官が見つけました。

「これは何ですか。ナイフは付いていますか」

「はあ、付いています」

警官は「これはお預かりします」と言ってマルチツールをバッグから取り出し、ポケットに入れました。そして身分証の提示を求めます。木曽さんは運転免許証と名刺を出しました。「何か危険なものは持っていませんか」とジーンズのポケットを外から探りました。そして「こちらへ来ていただけますか」と、大通りに止めたパトカーに木曽さんを誘導しました。車内では後部座席で警官2人にはさまれ、そのまま万世橋警察署に連れて行かれます。

言った覚えのないことが書かれた供述調書

別の50歳前後の男性警察官が小部屋で待っていました。秋葉原に来た理由や頻度、マルチツールを持っていた理由を尋ねられたので、答えると、それを書面にしました。警官は「読んで署名・捺印してください」と書面を見せました。木曽さんは仰天しました。マルチツールを持っていたことが法律違反であることを認める内容だったのです。

「正当な所持ではありません。寛大な処置をお願いします」

など、言った覚えがないことまで書かれています。

実はその警察官は、マルチツールを持っていたことが犯罪（軽犯罪法違反）であるとして木曽さんを被疑者として取り調べ、その供述調書を取っていたのです。

このマルチツールは、アメリカに駐在していたときに買って日本に持ち帰り、10年間持ち歩いていました。ハードディスクの分解など、保守管理の仕事で日常的に使うため、カバンに入れてあるのです。自宅で家族のパソコンの修理に使うこともあります。カバンに入れたまま何度も飛行機に乗っていますが、空港で注意されたことすらありません。

ペンや手帳のようにカバンに放り込んで存在すら忘れていた、というのが木曽さんの実感でした。

それを犯罪だと言う警察の判断は、木曽さんの理解を超えていました。

警官は署名・捺印を要求しました。訂正してほしいと思ったものの、言ってもいないことを書く警官が願いを聞いてくれるとは思えなかった木曽さんは、一刻も早く警察を出て、弁護士に連絡をしようと考えました。後から弁護士を通して供述調書を訂正してもらおう。その場は署名・捺印することにしました。

その後、指紋を取られ、顔写真や職質時の再現写真を撮られます。警察署から出ることができたのは、午後5時20分ごろ。職務質問されてから、3時間が経っていました。

帰宅してすぐに弁護士にメールを打ちました。中学校の後輩に弁護士がいたのです。翌7日（日曜日）に返信が来て、弁護士を選任しました。翌々日8日（月曜日）に弁護士は万世橋警察署に電話を入れ「マルチツールを所持していただけでは犯罪にならない。検察庁に送致するな」と抗議と申し入れをしました。

書類送検そして起訴猶予、罪を犯したことに……

木曽さんはこう考えました。検察官に言い分を聞いてもらおう。できれば起訴してもらって、裁判で自分が犯罪など犯していないことを主張しよう。警察官はともかく、検察官や裁判官なら理解してくれるだろう。そのうえで無罪判決をもらえばいい。

弁護士に対応した警察官は「送検したら連絡する」と言ったのですが、約束は守られませんでした。連絡をしないまま、警察は木曽さんを東京地方検察庁に書類送検しました。そして検察庁は５月12日に木曽さんを「起訴猶予」処分にしたのです。

ちょっと説明しておきます。検察官が「裁判を求めない」と決めることを「不起訴」処分といいます。不起訴には３つの種類があります。

(1)嫌疑なし＝調べてみたが、犯罪の嫌疑はなかった。
(2)嫌疑不十分＝犯罪の疑いはあるが、証拠が十分ではないので起訴しない。
(3)起訴猶予＝犯罪はあった。証明もできる。しかし内容が軽微である、示談が成立している、などで今回は起訴しない。

検察庁が木曽さんに下した処分は(3)です。通知の文面が残っています。つまり「お前は犯罪を犯した。やろうと思えば証明できる。しかし今回は裁判にはしない」という決定なのです。裁判は開かれませんでした。

検察官や裁判官の前で「私は犯罪などしていない」と主張するつもりだった木曽さんに、その機会は与えられませんでした。なのに、司法機関（検察庁）に「法律違反の罪があった」にされてしまったのです。裁判という反論のチャンスが与えられませんでした。それどころか、裁判をしないことに同意するかどうかすら、聞かれなかったのです。

警察と検察は似て非なるもの

木曽さんは引き下がりませんでした。

仕事道具を持ち歩いていただけで犯罪者にされた憤りだけではありません。裁判で反論する機会すら奪われたことが、木曽さんにとってあまりに理不尽だったのです。補足して言えば『裁判を受ける権利』は日本国憲法32条で保障されています。これは「お前は法律違反をした」と警察や検察が国民に向かって言ったとき「それは違う」と反論するチャンスを保障する。どちらの主張が正しいかの当否は裁判官が決める。そんな意味です。権力の濫用を防止するためのシステムです。

ちょっと説明しておきましょう。「警察」と「検察」は、本来は似て非なるものです。ところが「けいさつ」「けんさつ」と音が似ているため「違いがわからない」と言う人が多いのです。

まず私たちが日頃よく見かける「警察官」（警察職員）は地方公務員です。都道府県が採用します。つまり都道府県庁の職員と同じです。採用試験に合格すれば、司法試験に合格しなくても警察官になれます。全国に約28万6000人もいます（2013年定員）。監督官庁は警察庁です。

一方「検事」「検察官」は国家公務員です。それも、弁護士や裁判官と同じように司法試験に合格しないとなれません。全国で1865人しかいません（副検事を除く。2018年定員）。監督官庁は法務省です。主な仕事は刑事事件を裁判所に提起し、法廷に出ることですので、裁判所と検察庁の庁舎内を主な仕事場としています。私たちが日常生活で検事を見かけることはまずありません。

法律上の建前では、検察官は警察の捜査をチェックして権力の濫用を防ぐことになっています。しかし現代日本ではこれがほとんど形骸化していることは、冤罪事件が多数発覚して誰の目にも明らかになりました。検察は警察と一体化してしまって、チェックが働かない。それが昨今の深刻な社会問題です。その意味ではあなたの「警察と検察の区別がつかない」という素朴な感覚はあながち間違っているとはいえないのです。

話を戻します。警察官は何を言っても話が通じない。しかし検察官なら話せばわかってくれるだろう。木曽さんがそう考えたことは「司法資格を持つ検察官が警察の捜査が適正かどうかチェックする」という法律の建前からすると、正しい判断です。しかし実態はまったく違う。検察は木曽さんが自分の言い分を主張する機会すら与えませんでした。

木曽さんは「裁判官の前で自分は犯罪など犯していないことを述べて、裁判官に判断してもらおう」と考えた、と述べました。これも法律の建前からすると正しい判断です。

ここで、刑事裁判を受ける道を閉ざされた木曽さんには、民事裁判の提訴しか選択肢が残されていません。木曽さんは職務質問から半年後の2011年9月、国と東京都を相手取って民事訴訟を起こしました。

裁判官ならわかってくれる、は幻想だった

木曽さんが裁判所に問うた争点は雑駁に言うと10点ほどあるのですが、概略だけ書きましょう。

＊職務質問の開始は違法か。
＊同意なしに身体検査をしたのは違法か。
＊写真・指紋を採取したこと（それをデータベースに保存していること）は違法か。
＊警察署に連行したことは違法か。
＊被疑者としての供述調書は法的に有効か。

基本的な知識をおさらいします。日本の裁判制度は「三審制」を採用しています。「地方裁判所→高等裁判所→最高裁判所」と審理してもらい、地裁の判決が不服なら高等裁へ「控訴」、最高裁へ「上告」できます。審理のチャンスが3回あることが法律の

建前です（後で詳しく述べます）。木曽さんは最高裁まで争いました。

結論から先に言いましょう。

一審：東京地裁「職務質問の開始そのものが違法（適法である条件を満たしていない）」「ゆえにその後に続く身体検査も違法」と判決。しかし、残りの部分はすべて「適法」とした（2013年5月）。

二審：東京高裁は「職務質問の開始も適法、その後の身体検査も適法」と、東京地裁の判決をひっくり返した。すなわち、木曽さんの主張をまったく認めなかった（2014年6月）。

三審：最高裁「審理しません」と決定。木曽さんの全面敗訴の判決は確定しました。最高裁は審理する・しないだけを決めます。「審理する」と宣言するのは高裁判決をひっくり返す時だけです（2015年3月）。

つまり、裁判所の最終的な結論は「警察が行った職務質問や供述調書作成、指紋採取・写真撮影などに違法な点はない」と警察の捜査を全部適法と認め、木曽さんの異議や反論はまったく認めなかったのです。イコール「マルチツールを持っていたことを軽犯罪法違反としたこと」「検察が起訴猶予にしたこと」を裁判所は「違法性はない」と判断したのです。

木曽さんが経験した「警察→検察→裁判所」という司法手続きから、私たちが学ぶべき点は何でしょう。

教訓▼マルチツールは「凶器」なのか？＝警察も検察も裁判所も「刃渡り何センチか」という数字しか考慮しない。

木曽さんに適用されたのは「軽犯罪法」という法律です。1条2項にはこうあります。

「正当な理由がなくて刃物、鉄棒その他人の生命を害し、又は人の身体に重大な害を加えるのに使用されるような器具を隠して携帯していた者は拘留又は科料に処する」

それでは法律が定義する「刃物」とは何でしょうか。「銃砲刀剣類所持等取締法（いわゆる銃刀法）」22条にはこうあります。

「業務その他正当な理由による場合を除いては、内閣府令で定めるところにより計った刃体の長さが六センチメートルをこえる刃物を携帯してはならない」

なるほど、法律は「刃渡り6センチを超えるものは所持を禁止する」と言っているのです。

木曽さんの持っていたマルチツールは刃渡りが6・8センチでした。実は、警察も検察も裁判所も、この「8ミリオーバー」という点しか考慮していません。

その「刃物」の形態が、攻撃用や護身用など「暴力の行使」のために設計されているかどうかも、まったく考慮されていません。裁判所は「法律は刃渡り6センチを超えるものは全部違法としている。よって6・8センチは違法」と、定規で測った「数字」だけしか見ていません。

マルチツールの37種類の工具のひとつにすぎないナイフに定規をあて（実際に警察官がノギスで測って『6・8センチ』と言うのを木曽さんは目撃しています）、その数字が法律より大きければ、犯罪にする。まさに文字通りの「杓子定規」です。

ついでに言うと、木曽さんがマルチツールをショルダーバッグに入れていたことが軽犯罪法が言う「隠し持っていた」に当たるとされました。これは裁判所もそのように認定しています。では他者の目に見えるようにズボンのベルトにでも吊り下げて歩けばよいのでしょうか。そうすればますます職務質問される可能性が高まります。どうすれば「法を守れる」のか、私にはわかりません。

木曽さんがコンピューターエンジニアであること、それまで法を守って真面目に生きてきたこと、カエルを愛する温厚な人であることなど、まったく考慮されません。法律が定義する「刃物」を持っていたとしても、生命を害し、又は人の身体に重大な害を加える可能性は小さい。木曽さんのそういう人的属性はまったく顧みられなかった。

つまりその法律の定義する刃物を「持っていた」ことだけが問題で、持っている結果、それが他人に危害を加える可能性があるのかどうかはまったく考慮されないのです。完全なまでに形式主義なのです。

しかも、この６センチという数字にどういった合理的な根拠があるのか、よくわかりません。木曽さんのケースでは警察・検察・裁判所の誰も「法律でそうなっている」というだけで、その法律の根拠を述べていないからです。そこから先は議論を受け付けないブラックボックスに入れられてしまうのです。

厳密に言うと、刃渡り6センチを超える刃物を違法としているのは銃刀法で、軽犯罪法ではありません。銃刀法では、マルチツールのような「十徳ナイフ」や刃渡り8センチ以下の果物ナイフ、8センチ以下の折りたたみ式ナイフなどは違法ではありません。ところが、軽犯罪法は「刃物」の定義がさらに緩い。十徳ナイフも違法にしています。法律が幾重にも積み重ねられて、木曽さんのように市販のマルチツールの所持まで犯罪にしてしまうような「網の目」がびっちりと張られているのです。

6センチを超える刃物を持ち歩く正当な理由とは

軽犯罪法も銃刀法も「正当な理由がないのに刃物を持ち歩いてはいけない」と言っています。ハードディスクエンジニアである木曽さんが工具を持ち歩くことは「正当な理由」のように思えます。もちろん、木曽さんは警察から裁判まで、一貫してそう主張しています。ちなみに、板前さんが仕事に行くために包丁を持ち歩くことや、キャンプや登山の往復にナイフを持っていることは「正当な理由」として判例で認められています。

しかし、裁判所は木曽さんの言い分を一蹴します。一審判決は次のように言います。
「原告（木曽さん）は休日を利用して秋葉原に買い物に来ていたのであるから、原告が技術者であり、本件マルチツールを業務に使用するからとしても、そのことは、原告が本件当日に秋葉原において本件マルチツールを携帯することについて正当な理由になるものではない」

つまり裁判所は「エンジニアかもしれないが、休日で買い物に来ているのだから、業務ではない」と言っています。裏返すと「平日に仕事で使う刃物でも、休日で出かけるときはそれを家に置いてこい。休みの日に持ち歩いたら犯罪だ」と言っているのです。

これを聞いてあなたはどう思いますか。

木曽さんにとっては、10年以上、違法だとは想像もしなかった道具です。カバンに入れっぱなしにして、空港の保安検査でも咎められず、飛行機にすら乗っている。

もとより、一般市民に「刃渡り6センチを超える刃物は違法」「マルチツールでも6センチを超える刃物が含まれていたら違法とみなす」「かばんにそれを入れたまま休日に持ち歩いていたら、業務のために使うという言い分は通らない」などなど、複雑で難解な法律知識を要求することは、無理ではないでしょうか。少なくとも、私はそう思います。

つまり、あなたのような一般市民には「司法当局（警察、検察、裁判所をまとめてこう呼びます）はXという内容を違法としているのだ」と知る機会が与えられていないのです。「人を殺すと罰せられます」というような法律以前の道徳レベルのことならまだしも「刃渡り6センチを超える刃物を持ち歩くのは違法」と、ふだんの暮らしの中であなたが知る機会はまずありません。そうした知識の普及を司法当局がやっているのを見たことはありますか。ないのが普通でしょう。

つまりあなたは、警察があなたを犯罪者として立件して初めて「これが違法だって!?」と驚きとともに学習するのです。しかしその時はもうすでに手遅れなのです。

自動車を運転するときのスピード違反のことを考えてみましょう。制限速度は道路標識という形で公知されます。つまり運転者は「時速Xキロ以上出すと違法なのだ」と事前に学習できる。そして違法にならない速度で運転します。教育と学習が違法行為を抑止するのです。

しかし「刃渡り6センチを超える刃物は持ち歩くと違法」と市民に知らせる社会装置は見たことがありません。あっても、判例雑誌や法律書など司法関係者しか読まない専門書ぐらいです。

木曽さんのようなケースでは、警察がマルチツールを見つけ、それをいきなり犯罪として立件するというのが、そもそも無理を通しているのです。職務質問でそれを見つけても、初回なら「これは違法ですよ。持ち歩いてはいけません」と警告するにとどめ、学習の機会とすればよいのです。

そうした簡単な法律知識を書いたチラシやパンフレットでも用意して、手渡せばよいでしょう。犯罪に関係のない市民なら、以後は学習して直すはずです。これは司法当局が無理を通して道理が引っ込んだケースなのです。

これは過度な要求ではありません。交通分野を担当する警察は「交通安全運動」などと称した啓蒙活動を定期的に展開します。「歩きスマホは危険」「自転車は車道を通行すべし」などのポスターを多数印刷して駅や街角に掲示します。チラシを配ります。それらは税金を財源とする警察の予算から執行されるのです。同じ警察なのに、交通部門がやっていることを、なぜ地域警察部門はやらないのでしょうか。

供述調書に署名・捺印したら、撤回は不可能

もう一つ恐ろしいことを言いましょう。判決文を読み込んでいくと、裁判所も、そうした「警察の捜査をできるだけ是認する」という前提で木曽さんの主張を潰している。私はそう感じるのです。

教訓▼ 供述調書に署名・捺印をしてしまったら、おしまい。撤回できない。裁判所は、あなたが調書の内容にすべて同意したとみなす。

木曽さんは万世橋署で供述調書を取られて読み聞かせられたとき、自分が言ってもいないこと、思ってもいないことが書かれているのを見つけてびっくりします。しかし対面している警察官が訂正に応じてくれるとは思わなかったことと、一刻も早く警察を出

たかったことなどから、それに署名・捺印（拇印）して、後から弁護士を通じて訂正しようと考えます。

しかし、残念ながら、木曽さんの期待は無惨に裏切られました。

まず、後から弁護士がいくら警察に言っても、署名・捺印した調書を訂正することはできません。いったん署名・捺印した調書の内容を法廷で否定しても、裁判官はまず聞き入れません。私の警察や裁判所取材の経験でも、これはほぼ間違いありません（冤罪の疑いが濃い事件の再審裁判でもない限り、と留保を付けます）。

実際、一審から最高裁まで、裁判所は「木曽さんは供述調書に同意した」「記載通りの内容を供述した」と断定して木曽さんの「そんなことは言っていない」という主張を完全否定しています。

一審判決の文面から引用しましょう（一部略）。

「さらに原告は、原告に同法違反が成立するかどうかについて十分に確認することのないまま、本件供述調書を作成し、加えて、原告が述べてもいない反省の弁を本件供述調書に勝手に記載するなど、供述調書の作成は極めて杜撰に行われており、そのような職務行為は違法と言うべきである旨（木曽さんは）主張する」

　ここからが肝心です。

「しかし、供述調書に自己が述べていないことが自己の供述として記載されている場合に、その訂正や削除を求めることは、通常の判断能力のある一般人であれば当然なし得ることであるから、供述調書の内容について特に訂正を申し立てずに署名捺印した以上、その内容どおりの供述をしたことが推認される」

「原告は、正当な所持ではなく寛大な処分を求める旨を記載した本件供述調書の内容を閲覧したうえ、特に訂正等を申し立てることなく、その末尾に署名捺印しているのであるから、原告が述べてもいない反省の弁を勝手に記載したと認めることはできない」

　つまり「異議も唱えずに署名捺印をしたのだから、調書の内容に同意したものとみなす」と裁判所は言っているのです。

　もちろん木曽さんは法廷に出て宣誓のうえで証言し、調書の内容を否定しています。

　しかし裁判官は、傍聴人もいる衆人環視の法廷で、自分の目の前で証言した木曽さんの証言より、警察の密室で、警察官と木曽さんしかいない場所で作成された書類を信用する、と言っています。その根拠は「本人が署名・捺印しているから」の一点です。警察官と木曽さんという当事者の言い分が対立した場合、署名・捺印のある書面、すなわち警察官が書いた供述調書を信用するのです。

これは、たまたま担当裁判官が突出しておかしな判断をしたのでしょうか。

私はそうは思いません。これまでの取材経験や、自分自身が民事裁判で証言した経験（オリコン裁判という民事訴訟で、自分が書いてもいない、出版に同意すらしていない間違った内容の他人の記事で名誉毀損訴訟を起こされた経験があります）でも、取材記者として見た裁判の経験でも「裁判官はこのような発想をするのが通常だ」と言わざるを得ません。何より、数多くの冤罪事件で、裁判官が警察・検察が言う「自白」の供述調書を有罪判決の根拠にしてきた事実も、それを裏付けます。

裁判官はとことん書類偏重

裁判官は、署名・捺印のある文書があれば、法廷にいる本人の証言より、その文書を信用します。とことん書類偏重です。裏返せば「法廷にいる目の前の被疑者・被告は嘘をついている」と信用しないのが裁判官の発想なのです。

　こういった裁判官の思考様式の是非を論じている余裕は本書ではありません。なぜそんなおかしな発想になったのか、背景を探るのも本書の趣旨ではありません。ここであなたは「裁判所に行けば、裁判官はそういう発想であなたを待ち構えている」という現実を覚えておいてください。

　結論を言いましょう。いかに事実と異なり、自分が言った覚えもないことが書いてある調書でも、署名・捺印してしまったら最後、それを後から（裁判を含めて）覆すことはほぼ不可能です。「裁判官は分かってくれる」という期待は幻想にすぎません。そういう調書を警察官が書いたら、一字一句直させねばなりません。訂正・削除が済むまで、署名・捺印してはなりません。

「早く帰りたい」「警察になど長居したくない」「怖そうな警察官に訂正してくれと言うのは恐ろしい」と思うのはもっとも至極です。しかし、警察官はあなたがそう思うのも織り込み済みで行動しています。「このまま帰れないのではないか」「逮捕されるのではないか」という恐怖を与えるまでに、警察官は粘ります。

断固拒否してください。ノーと言い続けてください。「面と向かってノーと言わない」ことを美徳とする日本文化で育ったあなたには、いかに困難なことであるかを承知のうえで、そう言わざるを得ません。自分の身を守るにはそれしか方法がないのです。

警察で調書に署名・捺印したために、木曽さんはその後５年かけて裁判を戦っても名誉回復ができなかったのです。裁判費用は自腹で２００万円かかったそうです。金銭だけではありません。名誉。自尊心。社会への信頼。署名・捺印することで、あなたがいかに莫大なものを失うか、ぜひ覚えておいてください。

もちろん警察官は「調書に署名・捺印さえさせれば、いかに当人が後で否定しても、裁判官はその文書を信用する」ことを日常業務で知っています。

裁判で無罪にでもなれば大失態として責任を問われます。が、署名・捺印さえさせることができれば、そんなことはまず起きません。万世橋署が「送検する時は知らせる」と約束していながら、約１カ月後に黙って送検してしまったことは、私の取材経験でいえば、特に驚くべきことではありません。署名・捺印のある調書があるのですから、犯罪の立件という作業としてはもう安全なのです。「送検する時は知らせる」と言っても、法的義務でも何でもありません。警察官の「親切」にすぎないのです。

「任意の供述」の落とし穴

木曽さんの取り調べで、警察官は「不利になるようなことは話さなくていい」と最初に告げています。これは、調書の「任意性」を確保するためのセリフです。自分の業務を安全に完了させるため、必ず言わなくてはいけないと警察官は知っています。こう冒頭に宣言することで、その後警察官が作成する調書は「不利になることは言わなくてもいいと言ったのに、次の内容を自らの意思で話した」文書になるのです。

「任意の供述」とは「拷問や暴力、圧迫などで無理やり供述させていない」「自分の意思で話した内容である」という意味です。任意性が欠けると裁判で証拠として認めてもらえません。その結果判決が無罪だと、調書を取った警察官と上司は責任を取らされます。ですから警察官は必ずそう言います。

しかし、木曽さんは「そう言われても、何が後で不利になるのかがわからなかった」と話しています。これは至極もっともな見解です。あなたのような一般市民は、警察の取り調べや裁判を受けることなど一生に一度あるかないかです。「学習して次回に備える」ということがないのです。

言うまでもなく、供述調書で木曽さんにとって不利な内容とは「マルチツールの携行は違法であると認識しています。寛大な処分をお願いします」と警察官が作文した部分を含め「すべて」です。そして、それに署名・捺印したことで、その不利な内容は木曽さんが「自分の意思で話したこと」になってしまったのです。つまりは「署名・捺印することと」が「不利になること」だったのです。

さらにさかのぼって言えば「任意」で断れる職務質問に応じ、カバンを開けたりしたところから、木曽さんの「不利」は始まっています。「断ることができる」という事実を知らなかったことが、そもそもの「不利」なのです。

こうした苦い経験をした今では、木曽さんは学習しています。「今なら絶対に署名も捺印もしない」と言います。しかし、初回でこうした知識がある人は稀です（私がこの本を書いている理由もここにあります。学習しておいてほしいのです）。

すでにお気づきかもしれませんが、そもそも警察は、あなたの言い分を聞いて嫌疑を晴らそうなどとは最初から最後まで考えていません。後述しますが、警察では、職務質問で疑いをかけたあなたを裁判で有罪にすると、仕事上の「業績」になります。職務に「真面目」な警察官ほど、あなたの有罪判決を確実にするため、全力を尽くします。これはこれでまた別の大きな問題なのですが、ここでは深入りしません。是非は別として「警察とはそういう発想であなたに接している」という現実だけ覚えておいてください。

日本の裁判は事実上「1・5審」制

裁判所が「木曽さんの言い分にできるだけ否定的に、警察の言い分にできるだけ肯定的に」臨んでいることがうかがえる例を書いておきます。

先ほど、一審から最高裁までを通じて、裁判所は木曽さんの主張をことごとく退けた、と書きました。木曽さんが持っていたマルチツールの所持も「軽犯罪法違反である」と断定して一貫しています。

その中で唯一「これは警察に非がある」と認めた部分があります。「職務質問の開始」と「身体検査」は適法ではないとした一審判決です（東京地裁は警察を所管する東京都に5万円の支払いを命じています）。

「どういうときに、街を歩く人を止めて職務質問してもいいのか」は「警察官職務執行法」という法律に明記されています。

「警察官は、異常な挙動その他周囲の事情から合理的に判断して何らかの犯罪を犯し、若しくは犯そうとしていると疑うに足りる相当な理由のある者又は既に行われた犯罪について、若しくは犯罪が行われようとしていることについて知つていると認められる者を停止させて質問することができる」

そこで職務質問開始前の木曽さんの行動が「異常な挙動その他周囲の事情から合理的に判断して何らかの犯罪を犯し、若しくは犯そうとしていると疑うに足りる相当な理由」があったかどうかが争点になりました。

警察側は「警察官がいることを見ると、木曽さんは目をそらせて、道路の反対側へと歩き、声をかけても歩き去ろうとした」と証言しました。これが「異常な挙動」という趣旨です。

木曽さんはこれを否定しました。「当日は雨が降っていて、傘をさしてうつむいて歩いていた。警察官がいることも前を遮られるまで気づかなかった」と証言しています。そもそも傘をさしていたのだから、目をそらせたかどうかなど、警察官からは見えるはずがない。そんな趣旨です。これに対して警察は「傘などさしていなかった」と反論しました。

そこで、現場の秋葉原近くの観測所の降雨データが法廷に提出されました。それを見ると、午後2時から2時半の降雨量は「0」（降水なしまたは0・5ミリ未満）および「0・5ミリ」（0・5ミリ以上1ミリ未満）です。

このまったく同じ証拠に依拠して、一審（東京地裁）は「当日は雨が降っていた。傘をさしていたという木曽さんの証言は信用できる」といい、二審（東京高裁）は「雨は降っていなかった。木曽証言は信用できない」とそれをひっくり返しました。証拠のデータは共通なのに、正反対の結論を出したのです。これは裁判官の「主観」の相違でしかありません。同じ降雨量の数字を見て、高裁の裁判官は「雨は降っていなかった」と決め、それに沿って警察の証言が木曽さんより信用できると決めてしまったのです。

高裁がこの判断をしたことで、木曽さんの全面敗訴は確実になりました。上告したとしても、最高裁は判決に憲法違反があったかどうかしか判断しないからです（もう一つは法解釈を変更するとき）。

建前では、日本は「三審制」といって３回裁判を受けられることとなっています。しかし、民事訴訟では、控訴しても二審の高等裁判所は「事実関係」の再検証をしません。最高裁は、判決が憲法違反でない限り審理すらしません。ということは、日本の裁判は事実上「２審以下、あるいは１・５審制度」でしかありません。一審で負けてしまったら、逆転するのは至難の業です。つまり「ほぼ一発勝負」なのです。この「三審制の形骸化」はまた別種の大きな問題なのですが、本書では深入りしません。あなたは「そういうのが裁判所の現実である」ということだけ覚えておいてください。

警察はどんな人に「職質」するのか

ここまで読んで、あなたは心配になってきたのではないでしょうか。街をゆく多数の人々の中から、どういう基準で警察が職務質問をかける相手を選ぶのか、わからないのです。いつあなたが選ばれるかわかりません。

ここで興味深い書籍をご紹介しましょう。

今から25年ほど前、私が愛知県や三重県で警察担当の新聞記者をやっていたころの話です。警察署や県警本部の刑事部屋に行くと、刑事さんたちの机の上によく「警察公論」という雑誌が乗っていました。全国の都道府県警が摘発した新しい事件の詳細や、新しい判例など、実務のノウハウを警察官たちが共有するための雑誌でした。一線で捜査にあたる警察官が経験談を語るコラムや談話も載っていたのを覚えています。親しくなった刑事さんたちは「これ読んでごらん」と気軽に見せてくれました。まだ新米記者だった私には、取材対象である警察の実務を知るために、非常に勉強になったものです。

その「警察公論」の出版元である「立花書房」が「クローズアップ実務」というシリーズ本を出しています。その１巻目が「職務質問」、２巻目が「『携帯』違反取締要領―銃刀法・軽犯罪法・ピッキング防止法―」という１００ページ前後の本なのです。

（立花書房ＨＰ：http://tachibanashobo.co.jp/）

副題には「青年警察官の執行力向上を目指して」とあります。つまり若い警察官がスキルアップするための捜査ノウハウの指南書なのです。

若い警察官は「地域警察官」（制服を着て交番や警察署、パトカーで勤務し、パトロールや巡回連絡を任務とする。『外勤』『警ら』『地域』などの部署名がある）からキャリアをスタート

させることが多い。そんな読者を想定しているのです（編著『警察実務研究会』とありますから、警察そのものが書いたとは断定できないという留保はつけておきます）。

定価は1100円。発行は2007年とあります。2012年まで9刷りを重ねていますから、コンスタントに読まれているようです。本そのものは内部秘密ではないようです。私は中古本をアマゾンで買いました。

一読して、私は「こんなことを書いてしまっていいのか」と驚愕しました。ある意味、極めて正直に警察官の「職務規範」が書かれていたからです。

巻頭の「はしがき」にはこうあります。

「警察の真価は『捕まえてナンボ』の世界。その手法の一つである職務質問による検挙は『無』から『有』を生み出す捜査手法で地域警察官にとって犯人検挙の最大の武器であり、伝家の宝刀です。

犯罪予防の観点からも『職務質問』は、極めて有効であり、過去の統計からも地域警察官の検挙のうち8割が職務質問による検挙です。職務質問は、まさに地域警察官のお家芸です」

続けましょう。15ページ「職質では、こんなことにも注意しよう！」の項目です。

職質は、『やる気、勇気、根気』
・『やる気』がないと、不審者がいても発見できない。
・『勇気』がないと、声掛けのタイミングを逸する。
・『根気』がないと、相手を落とす（自供を得る）ことができない。

警察官が、どういう基準で職務質問をかける相手を選ぶのか。木曽さんが「選ばれた」理由の一端がわかります。「不審者発見のポイント」（12ページ）からです。

●職質は、朝夕の挨拶等から
立番中であれ、警ら中であれ、これはと思う相手に『こんにちは』とか、『今晩は』等と、相手の目を見ながら気軽に挨拶の一声を掛けてみる。何かおかしいと感じたら、躊躇することなく、まず一声掛けてみる。

●その時の相手の反応を見逃さない

挨拶の一言を掛けた時の相手の反応を観る。犯罪企図者や薬物等禁制品を所持している者などは、必ず動揺して『目をそらす』『反転逃走する』等何らかの反応を示す。

その後、具体的な例が列挙されます。

「目のうごき
うつむく
目をそらす
目を合わせようとしない

態度
立ち止まる
反転逃走する
急に店（又は路地）に入る
通り過ぎてから振り返る

その他
聞こえないふりをする
顔色が変わる
鞄を抱え込む
逆に質問してくる（道を聞くなど）」

なるほど。現場の地域警察官がこの本に書いてある内容を「お手本」としていると仮定すると、こうなります。

＊あなたが街を歩いているとき、前方に制服の警察官がいないかどうか、いつも注意してください。もし気づかないまま、目も合わせず「声掛け」されても気づかないまま通り過ぎたとすると、怪しまれます。木曽さんのケースがまさにそれです。

＊警察官と目が合ったら、視線をそらせてはなりません。むしろにっこり笑って「こんにちは」「おつかれさまです」などと挨拶するのがよいでしょう。

私はこの本を読んだ後、恐怖にかられて「警察官から視線をそらせてはならない」と過剰に思い込み、交番前に立っていた警察官をじっと見つめたまま通り過ぎようとしたら、逆に怪しまれたらしく「どうかされましたか」と職務質問が始まってしまいました。では明るく笑顔で挨拶すればどうだろう、と実験してみたら、今度は事なきを得ました。やはり笑顔と挨拶に勝るものはないようです。

＊警察官が前方にいるのを見つけたら、そこに用事があっても、手前で横道に入ったり、店に入ったりすると怪しまれます。そのまま真っすぐ進みましょう。

これも実験してみたのですが、おかげで、交番前を通って買い物に行くときには、ワンブロックぐるりと遠回りして行かなくてはならなくなりました。大変不便です。

もう一つ「警察官に怪しまれる外見や服装」をご紹介します。前掲書「職務質問」には「人に対する目のつけどころ」としてこう記載されています（44ページ）。

薬物事犯（違法な薬物を所持している人）の対象者としては、
＊暴力団員風
＊遊び人風
＊水商売人風
＊サーファー風
＊顔色の悪い者
等が挙げられる。

なるほど。そう見えないよう、私も気をつけたいと思います。
「暴力団員風」というのはなんとなく察しがつきますし、私はそんな身なりをしないだろうと思います。しかし「遊び人風」「水商売人風」となると、いかなる風体を指すのかよくわかりません。心配です。

余計なお世話ですが、キャバクラやガールズバーなど、水商売で真面目に働いている人はどうなるのでしょう。「サーファー風」が怪しいなら、本物のサーファーの方は怪しまれて大変迷惑ではないかと思います。また、サーフィンの名所である湘南地方に勤務する地域警察官の方はすごく忙しいのではないでしょうか。そして「顔色の悪い者」と言われますと、低血圧で貧血気味の私などは大変心配です。

別の箇所を見ると「薬物中毒者の身体特徴」が書いてありました（41ページ）。

＊頬がこけている

＊顔が青白い

事件検挙 45

大麻所持者は，10代や20代のミュージシャン風の者に多い。

イラン人等の密売人は，覚せい剤，大麻，アヘン，MDMA 等何でも扱っている。

2　不良外国人検挙のポイント

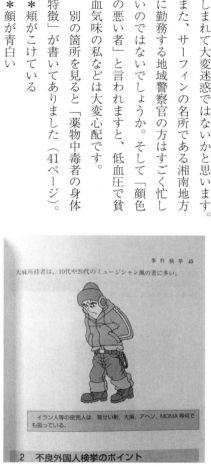

＊肌に艶がない
＊目の焦点が不自然
＊唾を吐く
＊前歯が欠損
＊唇をよくなめる（喉が渇くため）
＊唇の腫れ（唇をなめるため）
＊注射痕がある

実は、私はよく職務質問にひっかかるのです。不思議に思っていましたが、この本を読んで謎が解けました。顔色が悪いうえに、平日昼間からTシャツに迷彩柄のミリタリーパンツ（ただ単に安くて動きやすいから着ているだけなのですが）でウロウロしている私などは「薬物常用者」「遊び人風」（どうやら『スーツにネクタイ姿の勤め人ではない風体』という意味のようです）に見えて怪しいのです。あなたも、薬物常習者ではないのに、上記の外見に該当するようでしたら、くれぐれも注意してください。

この本が親切でよくできていると思うのは、前ページのようなイラストで職務質問すべき相手を解説してくれているところです。

「大麻所持者は、10代や20代のミュージシャン風の者に多い」（45ページ）

前掲書2冊を読んで私が非常に心配になった点がいくつかあります。

①警察が「怪しいと考える服装、外見、挙動の人」を一方的に定義して、職質の対象者を道行く人からランダムに選ぶ。「人を外見で判断する」ことを推奨している。善良な市民がたまたまそういう外見だったら、どうなるのでしょう。これは、警察は道行く人々を「潜在的な犯罪者」として見ている、という意味になりませんか。

②反対にいえば「警官に怪しまれるような服装や挙動をしない犯罪者」は見過ごされたままになります。侵入盗（いわゆる空き巣）の累犯など「ベテラン犯罪者」は「警察官が怪しむ服装や挙動」を学習して、それを避けるでしょう。

③ここに挙げられている「怪しい服装、外見、挙動」は警察官の主観にすぎません。よ

くて「そういう外見のやつを職務質問したら、法律違反が見つかったことがよくある」という警察官の経験則でしかありません。外見と犯罪事実の間には合理的な因果関係などありません。警察官の「偏見」「予断」「バイアス」と紙一重です。これが木曽さんのような被害を生みます。

④「警察は捕まえてナンボ」「地域警察官の検挙の８割は職務質問」と、地域警察官に職務質問での検挙が「仕事の業績である」ことを強調している。真面目に仕事に打ち込もうとする警察官は、業績を上げようとして「疑わしきはできるだけ立件する」という発想に傾いていくでしょう。地域担当の警察官はなりたての若い人材が多い。若い警察官が職業意識を形成する段階で、こうした教育は有益なのでしょうか。

⑤「無から有を生む捜査手法」と職務質問を推奨している。木曽さんのようなマルチツールが犯罪として立件されたケースは、警察官がこの方針を生真面目に守って「無から有を生んだ」つまり「犯罪が起きる可能性が限りなくゼロに近いのに、形式的な法律違反を立件した」事例ではないかと私には思えます。

⑥「夜間、職務質問で停止させた自転車を照会したら、盗品ではなかった。行かせたら、

実は窃盗犯だった」などの失敗例を挙げて「怪しいと思ったら、とことん疑って粘る」的な捜査を推奨しています。「やる気、勇気、根気」と冒頭に言う通りです。私のような一般市民からすれば、いったん怪しまれて職務質問された場合、延々と離してもらえず、時間を浪費されることになります。

⑦刃物・銃器や違法薬物、侵入盗の道具などを発見するために、持ち物を調べることを積極的に推奨している。本来、鞄の中身や身体（ポケットの中）を警察が検査することは、所持品や身体というプライバシー領域の侵害であり、本人の同意がなければばしてはならない、強制的に行うためには裁判所に令状を出してもらわねばならないことが注意喚起されていない。

⑧職務質問で検挙した人が、証拠不足で裁判で無罪になることをいかにして避けるか、対象者にナイフで刺されたりクルマではねられたりの事故を避けるか、などのノウハウは緻密に記載されている。つまり「警察官の身の守り方」は存分に書かれている。しかし一方、「ここは従わなくても法律上はあなたの任意です」と告げるなど、いかにして対象者の法律的な権利を知らせ、それを守るかのノウハウはほとんど記載がな

い。これは若い警察官への教育としては偏っています。

⑨市民に「刃渡り6センチを超える刃物は所持すれば法律違反ですよ」などと啓蒙や警告をしようというノウハウはまったく書かれていません。

「職質」はある日、突然やって来る

私たち一般市民は、警察がどんな風体や挙動の人を疑うのか知りません。「刃渡り6センチを超える刃物は違法」というような細かい法律知識を知りません。職務質問されたら、どこまでが強制でどこからが任意なのか、どこからは意思に反して従わなくてよいのか、というポイントを知りません。警察や検察、裁判所の仕組みや、彼らがあなたをどういう目で見るのかという基準を知りません。警察も検察も裁判所も、それを啓蒙して知識を広めようとはしません。

一般市民は、そういった「自分が犯罪者の疑いをかけられたら、どんな世界が待っているのか」を何も知らない状態でいます。司法当局も、それを放置して積極的に解決しようとはしません。その結果、木曽さんのように「マルチツールの中に刃渡り6センチを超えるナイフがあったら、警察・検察・裁判所はそれを違法とみなす」「いったん供述調書に署名・捺印してしまったら、弁護士に依頼しても後から訂正することは不可能」とは知らない市民が、大勢そのままになります。

職務質問は、そんなあなたのところに、ある日突然やって来ます。

そうした一般市民の「無知」をそのままに放置した方が、職務質問を「捕まえてナンボ」「伝家の宝刀」と考える地域警察官にとっては、仕事の実績を上げやすい環境なのだとは言えないでしょうか。邪推かもしれませんが、木曽さんのケースから教訓を学ぶとすれば、私にはそう思えるのです。

「職質」された元国家公安委員長

こうした職務質問のあり方が極端にまで出たケースとして、白川勝彦・元衆議院議員（在任1979〜2000年）職質事件があります。

２００４年11月、東京・渋谷を歩いていた白川氏が、４人の制服警察官に取り囲まれ、職務質問され、同意していないのに身体検査をされて、最後は渋谷署に連れて行かれたという事件です。

この事件が話題になったのは、白川氏が元衆議院議員であり、弁護士だったというだけの理由ではありません。同氏は、１９９６年から97年まで、第２次橋本内閣での国家公安委員長だったのです。

国家公安委員会は、警察行政を監督するための独立行政委員会です。委員長は総務大臣（白川氏当時は自治大臣）が兼務することが多い。委員長含め６人の委員で構成されます。その趣旨は「警察法」を引用すると「国の公安に係る警察運営をつかさどり、警察教養、警察通信、情報技術の解析、犯罪鑑識、犯罪統計及び警察装備に関する事項を統轄し、並びに警察行政に関する調整を行うことにより、個人の権利と自由を保護し、公共の安全と秩序を維持することを任務とする」。

簡単にいうと、国民の代表者が警察の監督官庁である警察庁を監督することで、警察全体に国民のコントロールが利くようにする。そんな組織です。

全国の都道府県警の上にいるのが警察庁です（言うまでもなく、東京の警察である警視庁も警察庁の下に置かれています）。公安委員長は警察行政を監督する国民の代表のそのままたトップですから、警察行政の頂点にいます。

あろうことか、その国家公安委員長だった人を、渋谷署員は不審者と疑い、職務質問して渋谷署に同行してしまったのです。署内で白川氏は自分がかつて国家公安委員長だったことを告げますが、同氏のブログによりますと、応対した課長クラスはまったく白川氏を知らず、何と国家公安委員長というポジションすら知らなかった。当然、信用しようとしませんでした。幸いなことに、たまたま居合わせた渋谷署の副署長が、警察庁政府委員室にいた経験があり、白川氏を知っていました。それでようやく元国家公安委員長だということを信じてもらえたわけです。

この顛末は、白川氏が自身のウェブサイトに書いて公開しています。詳しくはそちらをご参照ください。

http://www.liberal-shirakawa.net/idea/policestate.html

白川氏が自らの体験の教訓として書いている部分が示唆に富みますので、引用します。

法律執行の適正な手続きを厳守することこそが、警察権力の行使には必要、と指摘している。このへんはさすがに弁護士さんです。

「ここで問題になるのは、Due Process Of Law という考え方なのです。法の適正手続きなどと訳されますが、本来の意味はちょっと違うような気がします。国民の生命・身体・財産などに対する強制力の行使は、法が定める正当な手続きと方法に基づいて行なわれなければならないという、かなりポヂィティブな意味をもっている概念で、アメリカ法のもっとも基本的な理念のひとつです。

勝てば官軍とか、結果良ければすべて良しとか、長いものには巻かれろなどという言葉がある日本では、これはなかなか理解されない理念です。しかし、わが国が自由主義の国であるならば、絶対にないがしろにしてはならない理念なのです。今回私が遭遇した警察官には、この理念に対する理解がまったくないと断ぜざるを得ません。だからこそ、私は空恐ろしいと思ったのです。

Due Process Of Law は、正義です。特に警察権力の行使は、絶対的にDue Process

Of Law の精神に基づいて行なわれなければなりません。わが国の警察権力や国家権力には、彼らが思っている程の信用はないのです。ですから、殊のほか Due Process Of Law が求められるのです。しかし、その自覚がもっともないのが警察官であり、検察官であり、官僚です。ですから、ちょっと油断するとわが国は、警察国家になり、官僚王国になってしまうのです」

ちなみに、事件当日の服装を、白川氏自身がウェブサイトで公開しています（下）。

この白川氏の服装や挙動が、職質した警察官たちにとっては「怪しいから職務質問しよう」と決意した判断材料だったということになります。前掲書でいう「遊び人風」か「暴力団員風」か、どれに該当したのでしょう。

自分たちの上司の上司の上司の、そのまた上

司の……である警察行政のトップですら、外見を主観で「疑わしい」と判断すれば職務質問して渋谷署に同行してしまうのです（注：白川氏は自分の意思でタクシーに乗って同署に行っています）。

ここでもまた「白川氏がどのような人間なのか」という属性はまったく考慮されずに、職務質問が始まることがわかります。犯罪を犯す可能性があるかどうかは「外見」「主観」で判断されます。同氏が弁護士であり、国会議員であり、国家公安委員長だった、つまり犯罪を犯したり他の市民に危害・損害を与える可能性が限りなくゼロに近いことは、職務質問の開始にはまったく考慮の対象外なのです。

まして、弁護士でも国会議員でもない私たちのような一般市民がどういう扱いを受けるか、想像するのは難しくありません。

突然の「職質」から我が身を守る方法

突然の職務質問からどうやって我が身を守ればよいのでしょう。具体的なアドバイスを求めて、東京・四谷にある「さくら通り法律事務所」を訪ね、出口かおり弁護士に面会しました。

同弁護士に話を聞こうと考えた理由はこうです。

出口弁護士は、前述の「秋葉原職務質問事件」で、木曽さんが起こした民事訴訟の代理人でした。単なる知識ではなく、実際に法廷で警察側と論戦を交えた経験は貴重です（一方、職質の被害に遭った木曽さんの代理人ですから、被害者側に視点が寄っているとお考えになることも自由です）。

また、出口弁護士は、同じ事務所の清水勉弁護士や警察職員ＯＢたちと共同で「明るい警察を実現する全国ネットワーク」を２００４年に立ち上げ、活動しています。そこでは「警察庁・国家公安委員会がつくる実績評価書が『職質ノルマ』を生み、現場の警察官は馬鹿馬鹿しいと思いながらも従わざるを得ない」など警察組織の問題点も指摘しています。警察全体を一律に「悪」と決めつけるのではない、こうした視点はフェアであると考えました。

まず、冒頭に出口弁護士から「前提」について注意喚起がありました。

職務質問にはこう対応すればよい、という一般論を述べることは難しい。「どういう場合は職務質問を断れるのか」という問いに「一概にこうだ」とは言えない。そういう趣旨です。ゆえに、木曽さんの「秋葉原マルチツール事件」をケースとして話す、という前提になりました。

基本的に、職務質問に応じるかどうかはすべて任意である。本人の同意がなくては行えない。つまり「断る自由」がある。何か捜査を意思に反して行いたい（強制捜査）なら、裁判所の発行する令状を取らなくてはいけない。

警察官が荷物を開けて中身を調べることや、身体に触れて何かを隠し持っていないか検査することは「荷物」「身体」といったプライバシーの領域に入ることであり、本人の同意がなければ行うことはできない。

しかし、具体的に裁判所で争いになったとき（多くは刑事裁判で証拠の適法性が争われる。適法でないと証拠として使えないことがある）、どこまで身体検査や荷物の検査を適法とするかは、個々のケースに即して裁判所が判断する。

例えば、近くで強盗や窃盗など事件があって、警察が被疑者を探しているときなど、緊急の必要性があるときは、本人の同意なくしてカバンのチャックを開けて中身を見ても、適法とされうる。

より詳しく言うと、警察官の活動には2種類ある。

行政警察活動＝検問・職務質問など。犯罪の予防のための活動。

司法警察活動＝なんらかの犯罪があって始める捜査のための活動。

職務質問では、この2つが連続していることが多々ある。木曽さんのケースは、最初は職務質問という「行政警察活動」として始まり、マルチツールを見つけた時点で司法警察活動に切り替わっている。その境界はあいまいである。

「カバンのチャックを開けるまでは適法だが、手を入れるのはダメだ」とか個々の事件によって適法の範囲が変わってくる。こうした「任意捜査の限界」は、司法試験の定番として出題されるほど、裁判所の判断例がいくつもある。

――街を歩いていて警察官に呼び止められたら、まず「これは職務質問なのですか？」

と尋ねるべきでしょうか。

「まったく構わないと思います」

――「すみませんが、仕事の約束があって急いでいるのでお断りします」と言って職務質問を断れるのでしょうか。

「『どんなときでも万能の断り方』というのは存在しないのです。言ってもいいのですが、そのあと警察官がどう対応してくるかは、具体的な状況によって異なります。体をつかんで無理に止めることは違法だと思いますが、『説得』として前に立ちはだかられたときは、人によっては、断ることが難しいと感じるかもしれません。このような『説得』も適法とされることがあります。『説得』としてどの程度の行動が許されるかは、具体的な状況によります」

――木曽さんは「客観的証拠（録音、録画など）がないと、裁判で警察官の行動の違法性を訴えても苦しい」と言っていました。どの時点で録音や録画を始めるべきでしょうか。

「公の道（公道）で警察官に声をかけられたとき、自分と警察官のやりとりを録音したりすることは問題ないです。『いついかなるときも大丈夫』とは言えませんが、プライバシー性がその場面ではないからです」（注：ＩＣレコーダーを持ち歩かなくても、スマホのボイスメモや動画カメラ機能でよい、と木曽さんは話していた）

――「録音（録画）します」と警察官に断る必要はあるのですか。

「ないです。警察官は職務でやっています。公の道なら、よほどのケースでない限り、誰かのプライバシーに配慮する必要がないからです」

――警察官が「録画するな」「俺には肖像権があるんだ」と抵抗するケースがあります。

「そうらしいですね。別にわざわざ断る必要はないです。録画自体に問題はないんだし。そのまま撮り続ける方、いらっしゃいますよね。黙って録音・録画しても違法じゃないんですよ。警察官は職務を執行している場面ですから」（注：ＹｏｕＴｕｂｅにはそういった動画が多数公開されている）

——音声だけでも客観的な記録になりますか？

「なります。ただ、録画と比べて録音だけだと言葉のやりとりに多少のテクニックは必要でしょう。自分がされていることや、警察官の動きについて、音声は残しませんから。『おまわりさん、私の腕つかまないでください』『肩に手をかけるのはやめてください』『前に進もうとしているのに無理やり立ちふさがらないでください』『あなたに手を触れてないのに触れたとか勝手に言わないでください』とか言わなきゃいけない。そういう意味で工夫がいります」

——職務質問をしている警察官の氏名や所属する警察署や部署、階級などを聞いて確認しておくのはどうでしょうか。

「構わないです。ちゃんと名乗る警察官もいます。拒否することではないはずです」

——木曽さんのケースでは、職務質問をした警察官は名前も不明のままになっています。

「氏名がわかっているからといって、裁判でスムーズになるとか有利になるとか、そういうことではありません。ただ、裁判になったときに、証人尋問の手続きをする際、氏名がわかれば、こちら側でその警察官を呼ぶよう求めることができるかもしれません。職務質問をする制服を着た警察官は見分けにくい。体型とか身長とか若い・年取っているとか、そういった特徴しかない。相手側が出してきた証人が『あれ？　この人違う気がする』というときに、氏名や所属がわからないと否定する材料がない。実際に違うように思うと話した原告もいました」

――警察官が「なんで名前を言わなくちゃいけないんだ」とゴネたというケースを聞いたことがあります。どう対応すればよいのでしょう。

「私の依頼者で『警察手帳を示さなければならない』という規則を知っていた人がいます。『国家公安委員会規則』で、警察官は職務執行にあたっては警察手帳の携帯と提示の義務があります」

――なるほど。警察手帳で所属や氏名が確認できるのですね。

「見せてもらって、その場で殴り書きでメモしたという人もいました」

――見せるよう求められたら、応じなければならない義務が警察官にはあるのですね。

「基本的にはそうです。職務執行上の義務です」

――ごく素人レベルの市民の方からよくこんな質問をされます。職務質問で「かばんを開けてください」などと求められたとき、それは断れるのですか？　どう言って断ればよいのですか？　つまり、市民には「警察官に求められても、断ることができる」という事実すらわからない人も多いのです。

「警察官に『それは、お断りできるのですか？』と聞いても構いません。が、聞いてみるべきだとも思いません。別に聞くまでもなく基本的には『任意』（本人の同意がなければ強制できない）ですから。警察の言う『任意』は、一般の言う『任意』と若干ズレてるんですよ。判例上は『しぶしぶ』でもいい、自発的でなくてもいい、と考えられているんです。その非常に微妙なラインを警察は突いてくるんですね」

――つまり「いやです」「やりたくない」とはっきり断ればよいのですね。

「はい。いやだと言ってもまったく問題ありません。本当に強制的にするなら（裁判所の発行する）令状を持って来なければなりませんから。覚醒剤事案などでは、それで2～3時間粘って、警察官が令状を取ってきた例もあります。そこでは、警察は被疑者を尾行して、薬物のやりとりの現場を見ているんです。そういう警察が確信を持っているケースです。だから令状を取りに行って、最後は覚醒剤が出てきて逮捕される。これが本来の令状執行です。それでも任意の職務質問から入っている。それは単なるノルマ稼ぎの事案とは違うと私は思っています」

――「交番に行こう」「警察署に来てくれ」「パトカーに乗れ」と言われると、帰してもらえなくなるのでは、と怖がる人が多い。これは断ることができるのですか？

「はい、断ることができます」

――その場合はそのまま路上でやりとりが続くわけですね。

「木曽さんのケースもそうですが、実際には多くの人は断れないですよね。『逮捕に当たるのであれば、行きます』と言うこともできます。『令状逮捕ですか？　現行犯逮捕ですか？』と聞けばいい。無理やり連行するというのであれば、それは『実質逮捕』であると私たちは言っています。それに、本当に逮捕するつもりなら、実務上、警部補レベルなりそれなりの地位の人が指揮することが多いと思います」

――木曽さんのケースのように、カバンからマルチツールが出てきた後も、署に行くことを拒否できるのですか？

「できます。軽犯罪法違反の事実が出てきたとしても、必ず逮捕されるとは決まっていないのです。刑事訴訟法で言う逮捕は『どんな軽微な罪でも現行犯で逮捕しなくてはならない』となっていません。逮捕には必要性がないといけない。罪を犯したと疑うに足る相当な要件と、あとは住所不定とか、逃亡の防止ですね」

――なるほど。すると家があり住所があるなら、逃亡の恐れはないということになりますか？

「ですから、痴漢の疑いをかけられたときも、身分証を示して『私はこういう者です。これが住所ですので連絡をください』と告げて立ち去るのはまったく問題がない。木曽さんのような職務質問のケースでも、そういう方法はあると思いますよ。住所不定ではないのですから、逃亡の恐れはない」

――木曽さんのような例でも「日を改めて対応しますので、ご連絡をください」と立ち去っても構わない。

「その場では『マルチツールなんか軽犯罪法に当たらない』と言って、警察署に行かなくてもいい。むしろ、弁護士に相談して後から対応してもいいくらいです」

――意外です。カバンの中のマルチツールを見つけられたうえで「署に来てくれ」と言われたら「行かなくちゃいけない」と一般の人は思いますよ。

「思っちゃいますよね。でも行くのも任意ですから。文字通り『任意同行』ですし」

――警察署に行った木曽さんは、そこで別の私服警察官に「調書」を取られます。その調書に自分が言った覚えのないことが書かれていた。そんな場合、署名・捺印を拒否することができるのですね？

「はい。逮捕されてたって、署名・捺印は拒否できます。弁護士の立場から言うと、本人が『これでいいかな』と思っていても、法律的にどんなことが書かれているかわかりません。犯罪の成立を争う場合、弁護士が内容を確認するまで、署名・捺印しないでくれとアドバイスします」

「また『黙秘』という手法もあります。何も話さない。調書を作らせないためです。それは刑事弁護のあり方として珍しいことではありません」

「ちょっとしたニュアンス、書きぶりを調書で変えられることはよくあるんです。裁判になったとき、調書の内容で変な心象を持たれるのはよくありません。できるだけ本人が法廷で語った内容で裁判官に判断してほしいのです。ですから、やっている事案であっても、警察の調書作成段階では黙秘してもらうことはあります。一般の人には批判されますが、それは身を守る手段でもあります」

「とはいえ、そういう話は逮捕されたような事案であって、職務質問を受けた場合、木曽さんのマルチツールの事件のような場合は『署名・捺印拒否一択』でいいと思います」

――警察官が書いた調書の内容に納得できなかったら、署名・捺印してはならないということですね。

「はい。むしろそう思います。いったん署名・捺印してしまったら後から訂正できないと思った方がいいです」

――木曽さんのケースでも、署名・捺印したことで裁判官は「書いてある通りの事実関係を認めた」と判断しています。

「あ、裁判官は必ずそう言います。『あなた、認めたんでしょ？』『認めたから署名・捺印したんでしょ？』と。署名・捺印したことを『認めた』ことの証拠とするのです。内容ではなく」

――では「調書の内容に納得できませんので、署名・捺印はお断りします。ではこれで失礼します」と帰ればよいということでしょうか。それは難しいのではないですか。

「帰ればいいんですが、警察はなかなか帰してくれませんよね（笑）。取り調べの段階で何もしゃべらず黙秘します、と言えばいい。木曽さんのケースで言いますと、一切しゃべらない。そもそも警察に行かなくてもいい。行く必要もない。しゃべる必要もない。しゃべっても署名拒否すればいい」

――では、どの段階で何と言って帰ればよいのでしょうか。

「いや、いつでも帰ればよいのです。そりゃそうですけど、実際問題、帰してくれるかというとまた難しいでしょう（笑）。黙っていると、帰してくれない時間が長くなるでしょうね」

——黙っていると拘束時間が長くなる。そのまま延々と留め置かれることも覚悟せねばならないのでしょうか。

「わかりません。一般的には警察の言い分としては『しゃべらないから（拘束が）長くなった』と当然言うでしょうし、裁判所も『しゃべらないから長くなったのはやむをえない』と言う可能性もあるでしょう」

——では住所と氏名ぐらいは言ってあげる、とか？

「基本は何も言わなくていいんです。でも理屈と現実がどうしても食い違っちゃっているんです。本当にがんばって拒否するなら、しゃべってもしゃべらなくても、とにかく調書に署名・捺印しない。そこは一生懸命忠告します。やった覚えのない罪で逮捕されたときでも、素直に認めて調書に署名・捺印したら1週間から10日で出られた人が、そのまま40日拘束されたとかいう例があります。それに比べたら、自分の権利のためなら、時間を犠牲にしてでもがんばる。とにかく8時間でも10時間でもそのまま黙ったままいる。それは一つの手法じゃないかと思います。もちろん、木曽さんのマルチツールのような事件で、８時間も10時間も拘束するのは問題だと思いますが」

――自分の権利を守るためにはがんばるしかない、と。

「がんばるしかないんです。そういう時は。自分の権利を守るためには、多少労力を投入することは必要なのではないでしょうか。ふだんの私たちが『警察はちゃんと仕事をしている』と思い込んでいるからこそ、警察のそういう職務執行を招いているという面がありますから。日本人は警察を信用しすぎだと思います。ふだん日本人が警察のしていることにもっと厳しい目を向けていれば、ノルマ稼ぎのような変な職務質問が行われる余地はなくなるかもしれません」

――警察署に入ったあと、録音や録画記録を残したかったのに、警察官が「預かる」と言ってスマホやＩＣレコーダーを取り上げてしまったという話も何例か聞いたことがあります。どう対処すればよいのでしょうか。

「警察は『庁舎管理権』を根拠にします。何か危険物でも持ち込もうとしているなら、庁舎管理権を主張する理由もわかります。しかし、録音機は危険物じゃない。庁舎管理権によって取り上げていいものじゃない、という疑問があります」

——私が知る例では、取調室に入ると、警察官が百円ショップで売っているようなピンクのプラスティック製バスケットを持ってきて「スマホや録音機を全部入れろ」と言ったそうです。警察はそこまで用意して待ち構えている。どう対処すればよいのでしょうか。

「警察署に入るときに、身体検査をする例まであります。そうなると、もう『中に入らない』と言うしかないです。『じゃあ、もういいです。帰ります』と。おかしいと思いますよ。運転免許証の更新のときに、スマホを取り上げられたりしませんよね。もし庁舎管理権を主張するなら、免許の更新や、落とし物を届けるときも、身体検査をしてスマホや録音機を預からなくてはおかしい。理論的に破綻していると思うのです」

——要するに、警察は「できるだけ録音や録画の証拠を残したくない」と思っているのですね。

「そうです（笑）。下高井戸の中学生のように（2017年8月、万引きへの関与を疑われた中学生に警視庁高井戸署の警察官が『お前の人生終わりだ』『ふざけるなコラ』など怒鳴り声を浴びせる音声が公開された）黙って隠し持って録《と》るというのが、取り調べに対応するには大事な手法になってきちゃいますね。残念ながら。ああいう音声を聞くと、やはり録音されていることを警察官がわかっているかどうかで（警察官の態度は）大きく違うなと思います」

——これは職務質問ではなく、スピード違反で捕まった人の例です。警察署で調書を作成することを拒否して「検事に調書を作ってほしいので、送検してください」と言った例があります。この手法はいかがでしょうか。

「ああ、いい考えですね。運転中に、携帯電話を操作した覚えがないのに、そばに置いていたら、違反だと摘発された。否定して、警察署で調書を取ることをせずに『送検してくれ』と言った。そんな例もあります」

――「送検してください。検事さんにならお話しします」と言うのがよいのですね。

「そもそも、警察で捜査を終えた事件は全件、検察庁に送るのが原則です。送ってないのがおかしいのです。『終局処分』といいますが、その判断権限は検察庁にあります」

――「警察ではなく、検事に調書を取ってもらいます」と言えばいいのですね。

「極端な話、当日は『それでは帰ります』と帰宅して、後日、弁護士と『供述録取書』を作って持っていけばいいのです。別に『調書は警察官が取らなくてはいけない』と決まっているわけでもない。タイトルは上申書でも陳述書でもなんでもいい」

――では「後日、弁護士さんと供述録取書を作ってお届けします」と言って警察署から帰ってしまっていいということになりますね。

「はい、その通りです。現実にそうできるかどうかは別として、そういう選択肢があることを知っておくことは重要だと思います」

――それがまさに私が本書で書こうとしていることです。「他の選択肢」を知っていれば、何もかも警察官の言いなりにならなくてもいいんだとわかりますから。

〈注〉ナイフのメーカー・販売店などがつくる非営利団体「ジャパン・ナイフギルド」（ＪＦＫ）はホームページで様々な事例を引いてこうした取り締まりの警告を公開しています。

https://www.jkg.jp/law.htm

http://www.keishicho.metro.tokyo.jp/kurashi/drug/hamono/hamono.html

第3章　連帯保証人になるということ

契約書は一字一句すべて読もう

あなたのような普通の市民がごく当たり前の生活を送るうえで「契約書に署名・捺印する」行為は避けては通れません。

例えば、第1章で述べたように賃貸住宅を借りるときは家主との間で契約書を作ります。署名してハンコをつかなければ家を借りることはできません。

そのほか、自動車を運転するときには自動車保険に入るでしょう。持ち家に住んでいる人なら、マンションや一戸建てを購入するときに銀行ローンの契約書に署名・捺印したはずです。その家に火災保険や地震保険をかける。奥さんや子供がいれば、生命保険に入る。みんな、契約書に署名・捺印せねば発効しません。

お金を貸し借りするときもそうです。住宅や学資ローンを組むとき。消費者金融からお金を借りるとき。

就職したり、アルバイトをするときも、本来は勤務時間や給与など労働条件を契約書にして取り交わします。そうしない企業は「労働に関する約束事を明文化して残したくない」という、何か隠れた動機があると見るべきでしょう。

住宅や仕事、金銭など、私たちの生活で死活的に重要な営みには、必ず契約書が登場します。重要であればあるほど、契約書を交わすと言った方がよいでしょう。それを避けて通ることはできません。

いやむしろ、契約書は「約束事」を文面にして証拠として残すためのものです。「口約束」をして、後から「言った言わない」の争いが起きるよりは、契約書を作った方が安全なのです。むしろ、金銭の貸し借りなど重要なやりとりで契約書を作らない相手は、その意図を疑うぐらいでちょうどよいのです。例えて言うと「お金を貸してくれ」と頼みながら、借用書を書かない相手は、返す意思がないと見た方がよいでしょう。

そういう「契約」をするみなさんすべてに強く、強く言います。

すぐにハンコをついてはいけません。

ハンコをつく前に熟考、再検討する時間を取ってください。そして契約書の一字一句を読んでください。一字一句、完全に納得できなければ、ハンコをついてはいけません。

相手が業者なら、わからない箇所にラインマーカーで線を引いて、「これは何を意味するのですか」と、とことん質問してください。

納得できなければ、契約書の内容を書き換えるよう求めましょう。契約は当事者同士の合意にすぎません。文面は一つ一つ違ってよいのです。修正だらけでも、双方が納得すれば、それで契約は成立します。できれば弁護士に文面を見せて、セカンドオピニオンを仰いでください。

賃貸住宅などで「すぐに契約されないと、人気物件ですから他のお客様が契約してしまいますよ」と仲介業者が急かすかもしれません。そんなときでも焦る必要はありません。

私なら、1万か2万円（いくらでもよいのですが）を内金として渡し、領収書をもらいます。それで契約の意思があることを証拠付け「本契約は契約書を検討してからにします」と言います。契約するなら、仲介手数料から差し引いて精算すればよい。しないなら「気が変わりました」と言って領収書を見せ、返してもらえばよろしい。

待ってください。あなたの言いたいことは、わかります。

契約書の文章はなぜあんなに難しいのでしょう。用語、文章、すべてが市民の日常生活の言葉からかけ離れている。読んでも、その文章が何を意味するのか、わからない。そして活字が小さい。分厚い。冊子になった契約書までありますあんなものを一字一句読み下せ、理解せよとは拷問に等しい（契約書の文面は改革すべきことですが、それはまた紙数が尽きてしまう大問題なので、深入りしません）。

難解極まる「外国語」のような内容を理解して、同意するのかどうか、決めねばなりません。そうした「通訳者」として弁護士のアドバイスを仰ぐことを勧めたいのです。

なぜなら、こういう現実があるからです。

「署名・捺印した」＝「すべてに納得して同意したこと」

契約書に署名・捺印したということは「そこに書かれているすべての内容を一字一句読み、納得し、同意した」ことを意味するのです。後から「そんな部分は読んでいなかった」「意味を理解していなかった」「まさかこうなるとは思わなかった」と主張しても、認められません。「それはあなたの落ち度である」とされます。

もちろん、一部の悪質な商法や貸金では例外があります。が、これは、契約内容が違法だとか、あまりにムチャクチャだとか、契約したときの環境が自由な判断ができる状態ではなかったとか「よほどひどい場合」だけです。また、悪徳商法による被害者の救済など、社会に利益がないと認めてくれません。あくまで例外と考えてください。

そして、いったん署名・捺印してしまったら、契約内容（契約書の文面）を後から修正することはほぼ不可能です。もちろん、契約相手が修正に合意すれば可能ですが、組織（企業や官庁）相手の契約ではまず応じてもらえません。

こうした「署名・捺印したらもう最後」は、私企業との契約だけでなく、警察の調書でも同じです。前章の警察官による職務質問で、警察官の作成した調書に署名・捺印（この場合は拇印でした）したことが、木曽さんが民事裁判で負ける大きな要因になったことは忘れてはなりません。木曽さんは「後から弁護士を通じて修正してもらおう」と考えましたが、できませんでした。これは警察が悪いのではなく、契約すべてにおいて、署名・捺印した瞬間、そういう法律的な効力を発効してしまうのです。判決文を読むと、裁判官は「あなたは署名・捺印しているじゃないですか。それはあなたが調書の内容にすべて同意したという証拠なのです」と言外に言っています。数々の刑事・民事裁判を取材してきた私も、この裁判官の判断は珍奇でも何でもない、ごく普通の判断であることを申し添えます。

これまで起きた多くの冤罪事件でも、そうです。数十年にわたって裁判官が被告の無実の訴えを信じないのも、裁判官は署名・捺印のある文書（警察官や検察官の作った調書）の方を重視するからです。いくら「この文面は警察官や検事の作文だ」「署名・捺印を強要された」「そういう状況に追い込まれた」と法廷で訴えても、信じてもらえません。「その内容に同意しないなら、署名・捺印しなければいいじゃないか」と裁判官は考えるのです。この背景には「契約」の考え方が横たわっています。

つまり「契約書にハンコをついたらもう最後」は、契約相手がそう考えるだけでなく、裁判官もそう判断する、ということです。判例もずっとその線を守っています。つまり、裁判に持ち込んでもあなたは負けます。99％負けます。刑事でも民事でもそうです。

契約書が怖いのは「あなたは～できる」という「権利」だけではなく「あなたは～しなくてはならない」という「義務」が書かれているからです。そして、契約相手の方では「～はしなくてもよい」＝「義務を免除する」＝「免責」がちゃっかりと書かれています。署名・捺印したら、それも同意したことになります。

「義務」や「免責」を見逃してはいないか

多くの人は「あなたは～できます」という「権利」ばかりに目を奪われて有頂天になります。そして「義務」や「免責」を見過ごします。

例えば、賃貸住宅を借りる契約書なら「あなたは物件Rに住むことができます」という「権利」にばかり目を奪われます。しかしそこに書かれた「退去時には部屋を原状回復してください」という「義務」は気にしません。「原状回復」とは何を意味するのか、知らないまま見過ごしてしまうのです。その結果が、第1章で述べた、敷金の返還をめぐるトラブルが年1万4000件という社会問題なのです。

自動車保険や火災・地震保険には必ず「免責」が契約書に書かれています。「こういう場合には保険金を払わない」という保険会社側の「義務の免除」です。

私自身の失敗を打ち明けましょう。私は東京で持ち家に住んでいます。ローンを組んで物件を購入したとき、火災保険と一緒に地震保険に入りました。30年、40年と持ち家に住む間には、大きな地震が起きると想定したほうが安全だと考えたのです。そして年額２万～３万円の保険料を払い続けました。

そして６年目の２０１１年３月11日、東日本大震災が来たのです。私が住む東京でも揺れはひどく、廊下の塗装に亀裂が入りました（幸い壁そのものは無事でした）。さっそく保険を使って修理しようと保険会社に連絡したら「住宅内部には適用されません」と告げられ愕然としました。あわてて契約書を読み直すと、確かに隅に小さな文字でその趣旨が書いてありました。「部屋の内部が地震で壊れても、この保険はお金を払う義務を負いません」という「免責」が書かれていたのです。地団駄踏んで「払い続けた保険料は何だったんだ」と悔やんでも後の祭り。契約書には私の署名・捺印があるのです。

連帯保証人には義務ばかり

こうした「契約書には簡単にハンコをつくな」という話の中で、もっとも市民にとって身近で、しかも深刻な結果を招く落とし穴として「連帯保証人」を挙げましょう。

あなたのような普通の市民にとって「連帯保証人になってくれ」と頼まれる機会は大きくわけて二つあると思います。

①家族・親族や友人の借金の連帯保証人。

②住宅や店舗、事務所を借りる人があなたに「連帯保証人になってくれ」と頼んでくるケース。

結論を先に言いましょう。連帯保証人になってはいけません。絶対にいけません。断固、とことん断ってください。

友情が壊れようが、親族や家族に「冷たいやつだ」と罵られようが、絶対に引き受けてはなりません。拷問でもされない限り断り続けてください。

数ある契約の中でも「連帯保証人」は「義務」ばかりが積み重なっていて、権利がほとんどないからです。

あなたが連帯保証人になる契約にハンコをついたとしましょう。依頼してきた人が借金返済に行き詰まったとき、賃貸物件の賃料を滞納したとき「払ってください」という請求は連帯保証人であるあなたに来ます。そしてそれを断ることはできません。「他をあたってくれ」と言う権利もありません。反論の権利が認められていないのです。

「滞納」というと悪意ある行為に思えます。あなたは「いやいや、あの人は滞納するような悪い人じゃないから大丈夫」と思うかもしれません。「事業も順調だし大丈夫」と思うかもしれません。しかし、その人がポックリ死んでしまったらどうするのですか。不景気が来て会社が倒産したらどうしますか。そうした「アクシデント」は、依頼者が善人であろうと悪人であろうとやって来ます。依頼してきた人の負債や、経営する会社の財務状況を調べましたか。生命保険に入っているかどうか確認しましたか。それを調べるのが面倒くさいと思うくらいなら、引き受けないことです。

いずれにせよ、返済が滞ったとき、あなたに課せられる法的義務は同じです。

お金や家の貸主に「カネを返せ」と提訴されたら、あなたは100%負けます。他人の借金なのに「お前が払え」と裁判所が命じるのです。裁判で負けると、銀行預金や給料、不動産など財産を差し押さえられます。働いても働いても、その給料は他人の借金返済の肩代わりに使われ、あなたには一銭の資産も残りません（差し押さえの上限は月収の3分の2ですから、3分の1は残りますが、最終的な返済総額は同じです）。家を差し押さえられ、住む場所を失う可能性すらあります。つまりホームレスにさえなりかねないのです。

そんなむごい義務ばかりが課せられ、しかし一方何の権利もない。例えば、家賃を滞納した人に代わってあなたが賃料を返済したとしても、あなたにはその賃貸物件を使用する権利はありません。他人の借金を返済してあげても、何の資産にもなりません。こんなアンバランスな法制度が存在する事実そのものが驚きに値します。

自分の子供が進学して、下宿するためにアパートを借りた。親として、その賃貸住宅契約の連帯保証人になった。私が「まあ、その程度ならいいんじゃないですか」と言えるのはそれくらいしかありません。

もともと、こんな不利極まる内容の契約をあなたに求めてくるような人は、あなたとの人間関係を大切だと思ってはいないのです。「連帯保証人になってくれ」と依頼する人は「私が失敗したときには、借金返済に一緒に引きずり込まれてくれ。君には何のトクにもならないけどね」と言っているにすぎません。そんな人に「困っているみたいだから、助けてあげよう」などと仏心を起こしてはなりません。家族や友人に連帯保証人を依頼する行為そのものが、家族愛や友情を破壊することだと私は考えています。「私に連帯保証人を依頼するとは、あなたは私たちの関係をそれほど軽視しているのか」と怒り狂うくらいでちょうどよい（そして、その方が断りやすくなります）。

私が経験した連帯保証人の恐ろしさ

こうした連帯保証人の恐ろしさを説明するのに、私の血縁者に起きた例を紹介しましょう。その方が、なぜ私が「連帯保証人にはなるな」と力説するのか、納得してもらえると思うのです。

実は、この出来事は「法律や契約を知らないと、恐ろしい結果が待っている」という教訓を私に残しました。その意味では、この本を書く出発点にもなっている事件です。借金の連帯保証人になったがゆえに、私の実の母親が住む家を失ってしまったという話です。

事件が起きたのはバブル景気の末期である1980年代後半から、バブル崩壊後の1990年代前半のことでした。

私の母の弟、つまり叔父は関西で花嫁衣装の販売店を営んでいました。ところがバブル景気のころ、不動産投機に手を出しました（後で聞くとオーストラリアのリゾート住宅に投資したそうです）。しかしバブル景気は崩壊。日本は平成大不況に突入します。

好景気を前提に、リゾート客需要や転売での利益を予定していた叔父の計画は狂いました。不動産価格は下落し、旅行やリゾート熱も冷め、買い手がつかない。後に残ったのは、バブル時代の高い利子が付いた負債の返済義務だけです。

利息の返済のためにまた別の金融機関（ノンバンク）からカネを借りることの繰り返しに陥った叔父は、最後は返済に行き詰まります。

私なら、この時点で自己破産を裁判所に申告します。財産はほとんど失いますが、借金の支払い義務は免除されます。そして何より大事なことですが、誰も他者を自分の借金問題に引きずり込みません。私は妻子がいない独身者なので、なおのこと明快です。私一人が自分の失敗の責任を引き受け、誰にも迷惑をかけないのです。

ところが叔父は、自分の姉（＝私の実母）に借金返済の連帯保証人になってくれと頼んだのです。月々の利息の返済すらできなくなり、資金が底をついた。１カ月だけ、利息の返済のためにカネを借りる保証人になってくれないか、と依頼したのです。つまりは、母名義の家の土地を担保にカネを借りたい、という申し込みです。後から聞いた説明では、母の前に現れた叔父は「このままでは破産してしまう」「そうなったら首を吊らなくてはいけない」と涙を浮かべながら訴えたそうです。

そして、何をどう思ったのか今でも謎なのですが、私の母はそれに同意してハンコをついたのです。そんなことをする必要はまったくなかったにもかかわらず、です。ただ一つわかっていることは、母は連帯保証人になることの法的義務やその恐ろしさを知らなかった、ということです。

そして結局、叔父は数カ月後にまた返済に行き詰まり、債務不履行に陥りました。叔父の財産は抵当（借金の担保）に入っていたので、金融機関は私の母の住んでいた家の土地（建物は築30年前後で価値がゼロ）を差し押さえ、競売にかけました。京都・金閣寺門前の至便な場所にあったその土地はすぐに買い手がつきました。母は30年間住んだ家から退去を命じられました。建物は跡形もなく解体され、更地にされました。私の実家があった場所には、今はレストランや土産物店、建売住宅などが建っています。

母は住む家を失いました。当時母と同居していた私の妹も住む家を失いました。次に住む家などありません。文字通り路頭に迷ったのです。

昭和14年（１９３９年）生まれの私の母は、職業を持ったことのない専業主婦でした。夫（私の父）は私が幼いころ愛人を作って出奔したため、形だけは夫婦のまま、父が送金してくる月20万円の仕送りで私と妹二人を育てました。

母の実家は、京都市では知られた大きな和服商店でした。裕福だった母の父（＝私の祖父。私が生まれる前に死去）は母や叔父に市内の土地を残し、母はそこに建てた家で結婚後も暮らしました。私は、小学校から大学卒業まで、そこで育ちました。

大変不運なことに、母にはこうした借金の連帯保証人になることの意味を理解できる知識や社会経験がありませんでした。大学を出てすぐ結婚して専業主婦になり、そのまま親の財産である家に住んだため、住宅を借りる契約書を作ったことすら、ありません。どんな恐ろしい結果が待っているのかを予測する知識がなかったのです。

すべてが手遅れになってから私が母親から聞いた説明では「本当に１カ月だけなのね」としか叔父に確認しなかったそうです。驚愕したのですが、母は叔父の債務の総額を知りませんでした。叔父も母に言いませんでした。母は叔父の「１カ月返済をしのぐだけだ」という叔父の言葉を鵜呑みにしたのです。わが母親ながら、どう贔屓目に見ても、正常な判断とは思えません。善意に考えて、自分の眼の前で弟が「借金で破産しそうだ」「首を吊る」「１カ月だけカネを貸してくれ」などと涙ぐむのを見て、判断が狂ったとしか考えられないのです。

もちろん、そんな話が出たときに母が私に相談してくれていれば、私は全力で止めたでしょう。実印を隠してでも阻止したと思います。しかし、私が事態を知ったのは、実家が銀行に差し押さえられ、すべてが手遅れになった後でした。

自分の実家が売られる、母や妹が住む家を失うという知らせに驚愕した私は、あわてて東京から京都に行きました。そして事態の深刻さを理解しました。叔父を探し出し、対面して話を聞きました。なんと、叔父は負債総額は9億円と言いました。バブル景気当時の利息は年6％くらいでしたから、単純計算すると、利息だけで年間5400万円、月450万円を返済せねばなりません。毎年利息だけでマンションが買えます。そんな巨額に膨れ上がった債務を返済することは、個人には逆立ちしても不可能です。

それならさっさと自己破産を申告すればよいのに、叔父はそれを嫌がり、たかだか数カ月の利息返済をやり過ごすために、母を自分の借金に巻き込んだのです。そして結局、母は自分の住む場所を失った。

そして、そんな大きな犠牲を払ったにもかかわらず、母は叔父を救うことができませんでした。いや、正確にいえば、叔父の巨大な負債額を知っていれば、借金返済は不可能であることはわかったはずです。「助けたいのは山々だが、そんなことをしても結果は同じだから」と断ればよかったのです。つまり私の母は、自分の住む家を、自分の意思で無益にドブに捨ててしまったということなのです。これは金銭の貸借、契約、法律などに無知であるがゆえに、自分の身を自分で守れなかった悲劇です。

家を失った母と妹は、数年間借家を転々としました。幸い、夫に先立たれて一人暮らしをしていた親戚（母の叔母）が気の毒がり、ご自宅の一室に居候させてくださいました。それで事なきを得たのですが、そういう情に厚く、資産に余裕がある親戚がいなかったら、一体どうなっていたのでしょう。今でもぞっとします。

私も叔父と母の転落に巻き込まれていたはずです。息子として、母に仕送りをせねばならず、勤めていた新聞社をやめてフリーになる道も閉ざされていたでしょう。

全容を後から知った私の脱力感、怒りや悔しさ、悲しさをここに正確に記すことは、筆力に余ります。

そこは自分が小学校から大学まで育った家なのです。幼少期から思春期の思い出が詰まった場所でした。庭の片隅に、サクラの木がありました。進学や進級のシーズンが来るたびに美しい花を咲かせました。そこで撮った記念写真がたくさん残っています。大学受験に失敗して茫然自失していたとき、サクラの花が私を慰めてくれるかのように咲いていた光景は、一生忘れることはないでしょう。

そんなサクラも無残に切り倒され、引っこ抜かれました。すべては地上から永遠に消え去りました。

（余談ですが、私がいま取材している福島第一原発事故の被災者たちが、放射能汚染で家を追われ、思い出に満ちた場所を失うことの悲しみや怒りを、私は理解することができます。こういう個人的な体験があるからです）

土地や家だけでなく親族間の人間関係も失った

この事件の後、親族の間には感情的なヒビが入りました。

私にしても、妹二人にしても、思い出に満ちた家が無益に捨てられてしまったのです。なぜ母親を返せもしない借金に巻き込んだのだ。みんな怒りました。叔父は、幼いころは私たちを映画や旅行に連れて行ってくれたり、親切な一面もあったのですが、こんな事態を起こした後ではそうした良い思い出も吹き飛んでしまいます。

返済不可能な巨額の借金のために家を捨てるという選択をした母親にも家族の怒りは

向きました。叔父に同情的な祖母（母や叔父の母）との間もギクシャクしました。

この一件が起きて以後、叔父と会うことは二度とありませんでした。叔父は妻子と離婚し、私と仲が良かった叔母や従姉妹との交流も絶えました。叔父はどこかで警備員をしているらしいと風の便りが教えてくれたのですが、数年前、独り亡くなったという知らせを聞きました。

返す返すも悲しいことです。叔父や母、私や妹二人だけではなく、祖母、叔母、従姉妹、それまで仲良く暮らしていた親族の人間関係がすべて瓦解したのです。叔父が破産したとしても、借金に母を巻き込まなかったら、ここまでひどい状態にはならなかったでしょう。それを自分の意思で選んだ母の選択も、愚かとしか言いようがありません。自分の母がかくも愚かな行為をした事実そのものが、悲しく、情けないことでした（なお、現在55歳の私は、79歳になった母に、もはや怒りとかそういう感情を持ちません。時間が経ち、年老いた母親との残り少ない時間を平穏に過ごす方を選んだのです）。

私がこの体験から得た教訓はこうです。

あなたが連帯保証人になって家族や親族、友人を巻き込んだ場合、彼らがあなたに向ける感情が一変してしまうことがあります。仲良く平穏に暮らしていた家族や親族がバラバラになる可能性があります。それは一生回復不可能のままかもしれません。

そのことも念頭に置いて、ハンコをつくかどうか考えてください。

つまり「最悪のシナリオ」を考え「もしそれが現実になったら、どうなるか」という想像力を駆使してほしいのです。

ハンコ一秒、後悔一生

さて「連帯保証人には絶対になるな」という私の主張に戻ります。

もう、おわかりでしょう。ここで述べた悲惨な結末は、すべて私の母親が叔父の借金の連帯保証人になるハンコをついたことが招いたのです。

たった一枚の契約書にハンコをついただけで、母や妹は住む家を失い、それまでの土地屋敷持ちから一文無しになり、私や妹は思い出の詰まった家を破壊され、仲の良かった親戚がバラバラになりました。連帯保証人になったというだけで、これだけ多くの回復不可能なものを失うのです。

そして、その影響は、その後数十年にわたって続きます。母があのまま持ち家に住んでいれば、年老いても生活資金を心配する必要はなかったでしょう。一人で生活できないほど心身が衰えたときには、家を売って現金に替え、施設に移るなどできた。しかし、母が無一文のまま年老いていくという現実は、今も続いています。息子としては不安がないはずはありません。こんなふうに、何十年も無関係の周囲を巻き込み続けるのです。

「注意一秒、ケガ一生」（一秒で済む注意を怠ると、一生後悔するケガをする）になぞらえて言えば「ハンコ一秒、後悔一生」です。

こうした「契約にハンコをつく」ことから発生する法的義務をよく知らないのに、ハンコをついてしまうという人が意外に多いようです。

危険極まりないのに、その危険に気づかないのですから、これこそ「落とし穴」です。

賃貸契約の連帯保証人になっていた友人

もう一つ実例を挙げましょう。「従業員が勤め先の会社が店舗を借りる連帯保証人になってしまった」という話です。

偶然ですが、こちらも私の眼前で起きました。

話の「主役」を仮に村野さんとしておきましょう。30歳代の女性です。彼女はスマホやモバイル端末の修理技術者です。東京圏に十数店を持つ修理業者の店舗に勤めていました。正規雇用社員です。

村野さんはもともとは私の著書の愛読者です。講演会に足を運んでくれたり、私の福島第一原発事故取材にカンパを送ってくれたりしました。そんなご縁でメッセージをやりとりしているうちに、彼女がロックを好きだということがわかり、共通の話題ができました。

ある日の雑談の中でのことです。職場のグチのような他愛のない話でした。彼女がふと「会社が店舗を借りる連帯保証人になっているので、今の仕事を辞められない」と言ったのです。私は耳を疑いました。詳しい事情を尋ねると、こうでした。

村野さんの勤め先の「社長」は、スマホの修理店のほかに事業を拡大して、近くのマンションの一室を借りてネイルサロンを開こうとした。ところがあと数日で内装工事の開始日が迫っていたのに、賃貸物件を借りるための連帯保証人が見つからない。それで従業員である村野さんに連帯保証人になってくれと頼んできたというのです。

村野さんは断れなかった。ネイルサロンの店舗の賃貸契約書に、連帯保証人としてハンコをついたのです。

それまで、社長は自分の意に沿わないことを村野さんが言うと、わざと無視をしたり、あれこれ彼女が嫌がることをしてきた。もとより、雇用者と被雇用者です。断ってネイルサロンができなくなったら、職場の雰囲気が気まずくなるのではないか。職場にいられなくなるのではないか。そう不安で断れなかったというのです。

話を聞くうちに、村野さんが「勤め先企業の賃貸店舗の連帯保証人になることで発生する義務」について、理解していないことがわかりました。

雑駁に言うと、もし「社長」が家賃を滞納したら、村野さんが肩代わりしなくてはいけないのです。

仮に、経営がうまくいかなくなり「社長」がネイルサロンの賃料を滞納したとします。すると、サロンの店舗物件のオーナー（家主）は、村野さんに「社長に代わって賃料を払え」と請求する権利があります。連帯保証人の義務として、村野さんはそれを断ることができません。拒否しても、家主は村野さんを提訴することができます。提訴されたらまず100パーセント負けます。つまりどう抵抗しても「社長」が滞納した家賃を村野さんが肩代わりしなくてはいけないのです。

さらに事態が悪化すれば、こんなことも想定できます。店舗を借りている契約者である「社長」は「賃料が払えない」として、村野さんの給料からネイルサロンの賃料に回し、その分を支払いから差し引くかもしれません。連帯保証人の法的義務から考えると、不法でも不合理でもありません。つまり、ネイルサロンの連帯保証人を引き受けたことで、社長は村野さんの給与カットができるのです。最悪の場合、村野さんは働いても働いても給料をネイルサロンの家賃に回され、一銭ももらえないかもしれない。しかも、連帯保証人の義務は、村野さんが職場を辞めたとしても、社長が店舗を借りている限り、ずっと続きます（もちろん、社長がそこまで計画して村野さんを連帯保証人にしたのかどうかはわかりません。法律的な可能性を指摘しているにすぎません）。

私は村野さんの職場を訪ねたことがありました。私のスマホの電池の寿命が来たので、交換をお願いしたのです。そこで40歳代とおぼしき男性「社長」にも会ったことがあります。ビルの一室にある「社長」と従業員数人の小さな職場でした。

そもそも一般論として、経営者が従業員に、店舗を借りる連帯保証人になれと依頼するなどという話は、私の理解を超えます。村野さんの立場に立てば、あまりに権利が小さく、義務ばかりが大きくて、リスクが高すぎるのです。

連帯保証人から降りるには貸主と借り主の同意が必要

私は、連帯保証人から降りるよう、村野さんに勧めました。私から見れば、村野さんは知らないまま破滅に通じるドアの前に立っているのです。「惻隠の情」という言葉があります。ほっておけないと思いました。私の実母が陥った転落も脳裏に蘇りました。

もちろん、いったんハンコをついて引き受けたのですから、普通は撤回できません。撤回するには、店舗の貸主と借り主である「社長」両方の同意が必要です。つまり二人を説得して撤回の同意書にハンコをつかせなくてはいけないのです。弁護士を雇っても、これは達成できなくて普通の難事業です。

「社長の事務所にある賃貸契約書を破って捨ててしまえばいいんじゃないですか」と村野さんは言うのですが（つまりそれで契約が無効になると思った）そんなに甘くはありません。契約書は2通作って、契約者両方（この場合は社長と貸主）が保管します。一通を捨てても、貸主がもう一通を持っています。そして家賃の滞納が起きたとき、貸主はその契約書を法的根拠に、村野さんに返済を求めるのです。

村野さんはためらいました。社長の意に背けば、クビにされ、職を失うかもしれないという不安がありました。クビにされなくても、いやがらせをされて職場を辞めざるを得ないように仕向けられるのではないかと恐れました。

しかし、連帯保証人になったままでは、滞納家賃を返さなくてはならないというもっと大きなリスクが延々と続きます。私はそうした連帯保証人の背負うリスクについて村野さんに説明しました。

村野さんは貸主を直接訪問し、連帯保証人を降りたいと伝えました。が、案の定、反応は冷淡でした。私から見ても、それは当然だと思います。貸主にすれば、物件を貸した相手側の会社内部の問題なのです。加えて「連帯保証人がいなくなる」というリスクを貸主が取る義務も必要も、どこにもありません。ある日突然やって来た、未知の人物である村野さんにそこまで親切にする理由もありません。

ここに至って、村野さんは弁護士を代理人として雇うことを決心しました。

いくつかの点が、村野さんに有利に働きました。前述のような、パワハラ的な環境でハンコをつかざるを得なかったこと。村野さんの勤め先が、タイムカードや労働契約書も作らず、残業代も払っていなかったこと。弁護士が入って、ようやく二人ともが連帯保証人の解除に同意したのです。破滅のドアの手前で、引き返すことができました。

連帯保証人の過酷な法的義務を知った後では、村野さんも「社長」や勤め先との関係を以前と同じに見ることができなくなりました。そんな不利な立場に自分を就かせたという事実を知ってしまうと、上司をそれまでとは同じには思えなくなったのです。連帯保証人から降りたい、いやダメだの押したり引いたりのやりとりの中で、感情的な摩擦も生まれました。結局、村野さんは3年間勤めた職場を辞めました。

ここでも、連帯保証人を依頼する・引き受けるというやりとりが、それまでの人間関係を吹き飛ばしてしまったことがわかります。連帯保証人になることは、それぐらいの破壊力を持っています。一生回復できないようなダメージを残します。

私なら、関係を大切にしたいと思う相手（家族、友人など）に連帯保証人を依頼したりは決してしません。逆に言えば、連帯保証人になってくれと依頼してくるような相手は、私との関係を大切には思っていないのだと考えます。

裁判では契約書の一字一句の解釈が争われる

さて、冒頭で「契約書は一字一句精査してほしい」と言いました。なぜかというと、契約書の文言は一字一句おろそかにできないからです。

契約文の文言の解釈をめぐって、契約者双方の見解が対立すると、最後は文字通り「一字一句」の解釈をめぐる論争になります。

誇張ではありません。契約の内容をめぐって対立が生じると、かなり高い確率で裁判になります。裁判官の前で一字一句の解釈をめぐる論争が展開されます。

特に注意しなくてはならないのは、契約書の文面を契約相手が用意してきた場合です。賃貸住宅を借りるとき、既製の契約書を不動産仲介業者が用意することはごく普通のことです。しかし、契約相手が用意した契約書の文面は、そちらに有利な内容になっているものと仮定しておいた方が安全です。

「契約相手を騙そうとしている」とか「善悪」の判断に帰するのはやめておきましょう。契約書を起草した側は、自分に有利な内容を書くのが「人間の性」である。それぐらいに考えておいた方がよいのです。

敷金返還の問題でも、そういうふうに「貸主」の懐ができるだけ痛まないような契約内容にしておかないと、仲介業者は物件を探してくることが難しくなるという動機があります。

デビュー時にレコード会社と交わした契約書が20年後を縛る

そうした「契約書は一字一句おろそかにできない」という例として、あるミュージシャンたちと大手レコード会社の間で争われた民事裁判のケースを示します。

「THE BOOM」というバンドをご存知でしょうか。一九八〇年代後半のバンドブームから出てきた四人組のロックバンドでした。リーダーの宮沢和史さん（1966年生まれ）らの才能に支えられ、1989年のデビューから2014年の解散までの間に14枚のアルバムを残しました。単なるロックの枠にとどまることなく、沖縄音楽や民謡、歌謡曲からラテン音楽まで吸収し、自分の音楽として発表してきたすぐれた音楽家です。1993年に出した「島唄」は沖縄音楽をベースにしていました。宮沢さんは山梨県甲府市の出身で沖縄の出身ではないのですが、今では、本家沖縄の歌や民謡より沖縄音楽として知られているかもしれません。

訴状や判決文など、裁判書類に沿って裁判の内容を簡単に説明するとこうです。

2000年から2010年ごろにかけて、音楽を消費者に届けるメディアは、アップル社の「ｉＴｕｎｅｓ」を中心にしたインターネットによる音楽配信が主流になり、それまでの中心だったＣＤは退潮しつつありました。

そんな中、ＴＨＥ ＢＯＯＭの初期のＣＤ作品は、プレス（生産）が終了したいわゆる「廃盤」状態になっていました。一方、初期の楽曲を購入したいと希望するファンも多かったのです。

ファンの希望を受けてＴＨＥ ＢＯＯＭ側はｉＴｕｎｅｓで初期の楽曲を配信したいと考えるようになりました。ＣＤを全国に流通させるだけの量を製造するには、プレス費用、配送費、倉庫代などお金がかかります。しかしｉＴｕｎｅｓならはるかに安く済む。アップロードの手続きも、レコード会社に頼る必要はなく、個人でできます。ミュージシャンの側にすれば、自然な願いでしょう。

しかし、ＴＨＥ ＢＯＯＭのデビュー期の音源を出したソニー・ミュージックエンタテインメント（ＳＭＥ）社は、首を縦に振らず、一致点が見いだせなかった（ｉＴｕｎｅｓに対抗して自社の音楽配信ポータルサイトでインターネット上の音楽流通の主導権を取ろうと狙っていた同社にはまた別の事情があるのですが、ここでは説明を省略します。興味のある方は拙著『「Jポップ」は死んだ』〈扶桑社新書〉をご一読ください）。

バンド側は「インターネットで自分たちが書いた曲を配信する権利が自分たちにあることを確認したい」と求めて、SMEを東京地裁に提訴しました（厳密に言うと、裁判での原告はTHE BOOMのメンバー本人ではなく、所属していた事務所）。裁判で中心的な論点になったのは、THE BOOMが1989年にソニーからデビューしたときに同社との間で結んだ契約書の文面が何を意味するか、という解釈論争でした。

契約文ですからややこしい文面であることは承知で、私が言う「一字一句おろそかにできない」という話を理解していただくために、論点になった部分を引用します。傍線を引いた部分に注目してください（傍線筆者）。

「甲（ミュージシャン側）は、本契約に基づく原盤に関し甲の有する一切の権利（甲・丙の著作隣接権又は甲の著作権を含む）を、何らの制限なく独占的に乙（レコード会社側）に譲渡する」

「この権利には、一切の複製・頒布（貸与・放送・有線放送・上映を含む。以下同じ）

権及び二次使用料等（省略）の徴収権を包括する」
「乙は、如何なる国に於いても、随時、本契約の終了後も引き続いて自由に、且つ独占的に当該原盤を利用してレコード及びビデオを複製し、これらに適宜のレーベルを付して頒布することができる」
「前号のレコード及びビデオの種類、数量、価格、発売の時期・方法その他一切の事項について、乙は自由な判断により決定することが出来る」
「この権利の一部又は全部を、乙は自由な判断により第三者に譲渡することが出来る」

ごく雑駁にまとめてしまうと、この契約書は「ＴＨＥ ＢＯＯＭの書いた曲をレコードに大量にプレスしたり、販売店で売ったり、ラジオやテレビで放送したり、あらゆる権利は、全部ソニー側にある」と合意する内容です。
「〜の権利をソニー側に譲渡する」というややこしい文章になっているのは「もともと、自作の楽曲を録音したり、ＣＤやネットで同じ内容のものをつくって（『複製』といいます）聞けるようにする（『頒布』）権利は、全部ミュージシャン側にある。しかし、この契約によって、その権利をレコード会社に譲る」という形を取るからです。

他に書いてあることをごく雑駁に説明しましょう。

「ソニー以外のレコード会社と二股をかけてはいけない」＝「独占的に」

「どんな曲を出し、どんな曲を出さないか、何枚プレスするか、いつ発売するか、すべての決定権はソニー側にある」（つまり、曲をボツにする決定権もソニー側にある）

「この契約内容は世界中で有効である」（他国でレコードを出す場合でもソニー以外と契約してはいけない）＝「如何なる国に於いても」

「契約期間が終わっても、ソニー側はいつでも好きな時にレコードやビデオを出すことができる」（契約期間が終わっても内容はそのまま有効）＝「随時、本契約の終了後も引き続いて自由に」

「ソニー側はミュージシャン側からもらった権利を他の誰かにあげたり売ったりしてもかまわない」＝「第三者に譲渡することが出来る」

（注：ここで引用している契約書の文面は、法廷に提出された書面からの引用です）。

などなど「レコード会社側の自由裁量をすべて認める」という文言が続きます。これはミュージシャン側が、自分たちの書いた曲をリスナーに届ける過程について、レコード会社に「白紙委任」を与えるに等しい内容です。

ソニーだけがミュージシャンに苛烈な内容を求めているとは言えません。レコード会社がミュージシャンと契約を結ぶときの文面は基本的に同趣旨のことが書かれています。著作権者を保護する『著作権法』が細かく権利を規定しているためです。また、実際にレコードを出すときには、どんな曲を入れるか、何枚プレスしていつ発売するのか、などはレコード会社が独断的に決めるわけではなく、ミュージシャン側と相談しながら決めることも留保を付けておきます。

文面のあちこちに、レコード会社の権利に「一切の」「何らの制限なく」「独占的に」「如何なる国に於いても」「随時」「契約の終了後も引き続いて自由に」などなど「例外を認めない」を意味する言葉がちりばめられていることにお気づきでしょうか。

裁判では、このレコード会社が持つ「一切の権利」に「ミュージシャン側が、自分で作った曲を、インターネット上にアップロードして、広くリスナーに届ける権利」が含まれるのかどうか、が争点になりました。

ミュージシャン側は「含まれない」と主張しました。「自分たちの書いた曲を自分でネットに上げてリスナーに届ける権利はこちら側にある」と言ったのです。つまり「ネットで音楽を売る権利は契約書に含まれていない。自分たちに権利があり、レコード会社にはない」と裁判で主張したのです。

対するレコード会社側は「含まれる」と主張しました。「一切の」という表現の中にインターネットで音楽を送信する権利も含まれる。つまりレコード会社側にある。だから、ミュージシャン側が勝手に送信可能にすることは契約違反である。そう言ったのです。つまり、iＴｕｎｅｓでＴＨＥ ＢＯＯＭの楽曲を売る権利はレコード会社側にあって、自曲だからと言ってミュージシャン側が行うことはできない。ソニー側は「ネットで配信する権利はこちらにあることを確認してほしい」と求めて、ミュージシャン側に反訴を起こしました。

（こうしたインターネットで楽曲をリスナーが買うことができるよう、サーバーにアップロードして配信できるようにする権利のことを「配信可能化権」と言います）

判決が出たのは2007年1月です。裁判所は、レコード会社側（ソニー）の言い分を認めました。THE BOOM側の敗訴です。iTunesを含め、自分の曲をアップロードしてファンが聞けるようにする権利は、ミュージシャン側にはない。レコード会社にある。これが裁判所の判断でした。

「一切の」が頻出する契約書は要注意

難しい内容にお付き合いいただいてありがとうございました。どう思われましたか。
この裁判を取材して、私が感じた内容はこうです。
(1)THE BOOMがソニーのオーディションに合格し「メジャーデビュー」を決めたとき、メンバーたちは20歳前後でした。まだ社会経験が浅い、そうした年代の若者に、この複雑な権利関係を取り決める契約書の内容を完全に理解せよというのは、かなり酷な要求です。まして、ソニーという世界的なレコード会社からCDを出せるというだけで、ネットが普及していなかった当時の若者には夢のような話です。

しかし、裁判官はそうした事情を一切考慮しません。「君たち、この契約内容にハンコついたのでしょう？　じゃあ、内容はすべて承諾しているということです」と言外に言っています。

現実をよく見てください。20歳すぎの時にハンコをついた契約書が、20年後も自分を束縛するのです。では、20歳代のミュージシャンがメジャーデビューする契約を結ぶときに、著作権について万全の知識を持っていなければならないのでしょうか。私はそれは現実的ではないと思います。ですから、自衛のためには、ハンコをつくまでに弁護士（それも著作権など知的財産に詳しい弁護士）に契約書の文面を見せて、アドバイスを求めてください。そう勧めるのです。

特に、この契約のように「例外を許さない表現」が頻出する契約書には要注意です。話し合いが行き詰まり、裁判になったときに、裁判所ではこうした「契約書の一字一句を精査し、意味を検討する」という「字句論争」になるのです。

(2)ＴＨＥ ＢＯＯＭとソニーが契約を交わした１９８８年当時、インターネットは「普及」どころか概念を知る人すら少数派でした。私が勤務していた朝日新聞社を思い出してみても、88年といえばようやく「ワープロ」が入ってきた程度。職場で、ワープロから電話回線で原稿を本社に送るという試みをしていた記者は私一人でした。原稿は手書きまたはワープロのプリントアウトをファクスで送る作業が普通でした。

当時「パソコン通信」は存在していましたが、それは通信技術に詳しい専門家たちが使うものでした。それもインターネットのように広く公共に開かれたネットワークではなく、会員になった人だけが使えるクローズドの通信網でした。

また、当時普及していた電話回線の通信速度は一秒54キロビットとかそんなレベルで、ワープロで打った文字をやりとりするのがやっとでした。現在、私が自宅に引いている光ファイバーは一秒１ギガビット。約２万倍です。比較にならない。動画や音楽をストレスなく公衆の間で送信し、商業として成立させるには、これぐらい大容量の通信回線が普及していることが前提条件なのです。

さらに、音楽をストレスなく送るためには、膨大なデータ量の音楽ファイルを小さく折りたたんで送る「圧縮」という技術の発展が不可欠でした。これも１９８８年当時は、一般人にはとても予想できなかったことです。

そもそも「配信可能化権」という概念を著作権法が記載し、施行したのは１９９８年です。ＴＨＥ ＢＯＯＭの契約の10年後です。契約当時は存在しなかった権利を、契約時に予想することはできません。

ですから、私はこの判決は無理があると考えています。しかし、裁判官は「一切の」という字句に、存在しなかった権利も含まれる、と強引に押し切ってしまうのです。

同時期に、福岡県出身のロックバンド「ＨＥＡＴＷＡＶＥ」がやはり同趣旨の訴訟をソニーに対して起こしています。こちらは山口洋さん（１９６３年生まれ）というソングライターを中心にしたバンドで、１９９０年にソニーからデビューし、１９９９年までメジャーで活躍していました。現在も活動を続けています。

こちらの訴訟に判決が出たのは、ＴＨＥ ＢＯＯＭ訴訟の３カ月後、２００７年４月でした。結果は同じ。ソニー側の勝訴で、ミュージシャン側には配信可能化権はない、という判決でした。この裁判でも、契約書の内容はほぼ同じ。判決の論拠も同じでした。

それどころか裁判所は「パソコン通信があったのだから、iTunesのような音楽配信も予想できたはずだ」とさらに社会常識を逸脱した判断をしています。

裁判官が見るのは契約書の書面のみ

こうした裁判官の、産業技術史の時系列すら無視するような思考は大きな問題なのですが、深入りはしません。ここでは、一つの事実を覚えておいてください。

裁判官は、あなたのハンコと署名のある契約書を根拠に「あなた、契約書の内容に全部納得して、自分の意思でハンコを押したんでしょう?」と責任をすべて押し付ける発想をする、ということです。そこに至る背景・事情・歴史など「書類の外側」を見ようとしません。前記のTHE BOOMやHEATWAVE裁判のように、歴史の時系列を無視してさえ責任を押し付けます。

契約書を作る側、特に契約作成に慣れた企業は、法務部門のスタッフを持ち、顧問弁護士を抱えています。こうした裁判所の体質を含め、契約を交わすことの意味（義務と義務の免除)、契約を成立させた後の未来予想図まで、すべてを知ったうえで、契約書の文面を用意します。その一字一句に法的な意味が用意されています。「法的な意味」とは「裁判になっても、自分には不利が及ばないような文面」ということです。

返す返すも恐ろしいことです。

いま、ここであなたに覚えておいてほしいことは「契約を交わすということは、それほどの地雷原に足を踏み入れるということだ」という現実です。いったんハンコをついた契約書があなたを一生拘束するなら、後で泣きを見ないための対策は、契約書にハンコをつくまでにしか取りようがありません。

この現実は、ひどく理不尽です。私も納得がいかない。しかし、こうした契約のあり方や、裁判所の態度が一朝一夕に変わると期待するのも現実的ではありません。ですから、私たちは「自分の身を自分で守る」しか選択肢がないのです。そんな現実が、契約書にハンコをつこうとするあなたを待ち構えています。

〈注〉この部分の記述は、2009年にTHE BOOMやHEATWAVEの所属する音楽事務所の社長である佐藤剛氏に面談して取材した内容に依拠しています。裁判書類もそのときにいただきました。今回、本書執筆のために改めて佐藤氏に取材をお願いしたのですが『今はまだ、自分の中であの闘いの総括について、答えを出せていません。傷ついた人が多かったこともふくめて、今回はまだ取材に応じられない気持ちなのです』とのことで、叶いませんでした。裁判後、係争になったＴＨＥ ＢＯＯＭやＨＥＡＴＷＡＶＥの楽曲は、現在はソニーの承認のもと、ｉＴｕｎｅｓストア＝ＡｐｐｌｅＭｕｓｉｃで買うことができるようになりました。

第4章　ネットに書き込んで逮捕される!?

ネット社会に生きる名誉棄損罪

2ちゃんねるやブログに書き込んだら、警察に逮捕された。数カ月、留置所や拘置所に閉じ込められた。裁判所も有罪を宣告した。前科一犯になった。そんな実例をお話しします。

ウソでしょ? 信じられない! あなたはそう思うかもしれません。残念ながら、本当の話です。21世紀の日本で現実に起きた話です。

この章で書く3例は、いずれも私が本人に会って取材しました。拘留されている警察に行き、裁判を何回も傍聴し、保釈後に本人に会って話を聞きました(身柄を拘束されなかったのは、1例だけです)。ですので、現実であることに間違いはありません。私が把握できただけでも3例もあるのですから、人知れず逮捕され、報道もされずそのままになってしまった例は他にも多数あるものと思われます。

日本では憲法で言論の自由が保障されているんじゃないの? 警察が言論を理由に市民を逮捕して留置所に入れるなんて、戦前の話じゃないの?

建前では、その通りです。しかし、日本には今でも、ネットに書いた内容を理由に、投稿者を逮捕・留置・拘留できる法律が生きています。あなたが書いた内容が誰かを怒らせ、それを警察に被害届を出したなら、あなたを逮捕できる法律が現実に生きているのです。最悪の場合、刑務所での懲役刑すら法律は認めています。

これは言論に権力が介入しないことを原則とする民主主義社会としてはおかしなことです。その法律の是非は極めて重大な問題なのですが、その議論に深入りする紙数がありません。そういう法律が現存する。しかも死に法ではなく活発に摘発に使われている。本書では、そのことだけでも記憶にとどめてください。

その法律とは、殺人や強盗、放火と同じ刑法です。２３０条にある「名誉毀損罪」がその罪名です。

あなたがネットに活発に書き込みをしていて、逮捕されたことがない、あるいは民事提訴されたことがないとすれば、それはただ単に運が良いにすぎません。書いた相手が怒らなかったか、怒っても警察に届けなかったか、あるいは刑法の名誉毀損罪を知らないか、届けたが警察が何らかの事情でそれを事件化しなかったか、そのどれかです。

「2ちゃんねる」への書き込みで逮捕された北大生

2010年の話です。12月の初旬、私は取材のため東京から札幌に飛びました。東京はまだ気温13度だったのに、札幌はマイナス4度でした。

千歳空港からJRで札幌駅に着くと、地下鉄に乗りかえ、住宅街の駅で降りました。低層マンションと一戸建てが入り混じった街に、雪が5センチほど積もっています。3階建てのマンションの2階の部屋のチャイムを押すと、坊主頭にメガネの青年が顔を出しました。紺のチェックのネルシャツにジーンズ。裸足の足元が見えました。

東京地裁の法廷で、被告席に座っていた本人でした。

名前を仮に「北畠さん」としておきます。同年7月に逮捕されたときは、北海道大学理学部4年生、23歳でした。掲示板「2ちゃんねる」の書き込みで逮捕されたことを読売新聞が実名で報道していたのです。そのときの新聞記事を引用しましょう。

ネット中傷容疑　北大4年生逮捕　北海道

インターネット掲示板「2ちゃんねる」に、国際政治学者の藤井厳喜（本名・昇）さん（57）を中傷する書き込みをしたとして、警視庁小岩署は23日、北海道大理学部４年・北畠泰房容疑者（23）（札幌市北区）を名誉棄損容疑で逮捕した。

発表によると、北畠容疑者は４月20～21日、2ちゃんねるの掲示板で藤井さんを名指しし、計33回にわたって中傷する内容を書き込み、名誉を棄損した疑い。北畠容疑者は藤井さんと面識はなく、調べに対し、「思想が合わないので書き込んだ」と供述しているという。

藤井さんは今月11日に投開票された参院選比例選に、たちあがれ日本から出馬し、落選している。

（２０１０年7月24日付読売新聞朝刊。原文は実名が表記されている）

記事を読んだとき、私は「これはとんでもないことが起きた」と直感しました。ネットの書き込みで警察が人を逮捕できるなら、ネット利用者の数の多さから考えて、逮捕件数はこれから増える可能性があります。また、それは警察が言論に介入するドアを開くことでもあります。「警察に逮捕されるなら、黙っていよう」という「冷却効果」が働くでしょう。言論や表現の自由に致命的な悪影響をもたらしかねません。

私はすぐに、北畠さんが留置されている警視庁小岩署に行って、接見を申し込みました（札幌在住の大学生が警視庁に逮捕され、東京まで連れて来られて留置されていたのです）。しかし認められませんでした。とりあえず、本当に名誉毀損容疑で逮捕され、留置・勾留されていることが確認できました。

しかし、本人から直接言い分を聞かないと、詳しい事情はまったくわかりません。

そこで裁判の開廷期日を調べて、東京地裁刑事部に行ってみました。裁判を傍聴するためです。

２０１０年10月４日午前10時、東京地裁刑事２部。５２８号法廷。担当は山口裕之裁判官です。

同じ裁判官が同じ法廷でいくつかの事件を続けて審理していました。覚醒剤の常習で過去40年に何度も逮捕されている女性や、前科８犯の常習累犯窃盗の男性の裁判が短時間あり、それから本件になりました。

被告人席に、短髪にメタルフレーム眼鏡の痩せた若者が座りました。逮捕から3カ月を経て現在は保釈中らしく、もう手錠や捕縄はされていません。白いワイシャツに紺色のジャケットを着た姿は就職活動中の大学生のように見えました。

一体どんな文言を2ちゃんねるに書き込んで逮捕されたのか、この時点では私にはわかりませんでした。検察官が冒頭陳述（裁判でどんな不法行為を立証するかを最初に述べる）を読み上げて、具体的な文言を知りました。

「(藤井厳喜は) ヘンタイ同性愛」「セクハラ野郎」「妻はキチガイ」「娘は売春婦」などなど。さらに記録を調べてみたら、本書ではとても書けないような内容でした。下品を通り越して下劣でした。

これを4月21日の夜、33回繰り返して書いたというのです。絶句するような文言です。しかも藤井氏本人だけではなく、何ら関係のない妻や娘まで攻撃している。

眼の前の被告人席に座っている、消え入りそうな声の、気の弱そうな青年の印象とまったく一致しません。

検察官の冒頭陳述の後、裁判官が「被告人はいかがですか」と尋ねると、青年は「間違いありません」と小さな声で答えました。「起訴事実をそのまま認めて、争わない」という意思表示です。事実上、有罪を認めるということです。

なんでまた、こんな書き込みをしたのか。何かよほどの恨みが藤井氏にあったのか。そう思ったら、北畠さんは藤井さんに会ったこともないと証言しました。「政治的な思想が気に入らなかった」と冒頭陳述にはあったのですが、北畠さんにそういう思想的な背景があったという話すら裁判では出ません。拍子抜けです。

ある夜、他人の発言をコピペして誹謗中傷

法廷での証言や供述調書をまとめると、こんな経緯が浮かんできました。

北畠さんは、大学に入ってノートパソコンを使うようになった。2ちゃんねるをよく見るようになった。大学3年生ごろから書き込むようになった。政治に興味があったので、政治関連のスレッドをよく見るようになった。そこで藤井厳喜氏の存在を知った。

同氏のホームページで、その保守的な思想に苛立ちを覚えるようになった。既得権益を守ろうとする人々が嫌いだった。４月21日の夜、罵詈雑言を並べてこき下ろそうと思った。文言は自分で書いたのではなく、他人の発言をコピー&ペーストしたものだ。何回書いたのか正確にはわからない。家族も含めて、中傷しようと思って投稿した。

「警察で自分の書いた書き込みを見せてもらった。我ながらひどいことを書いたものだと思いました。自分が書かれたら、ぶん殴ってやろうと思うと思います」

そんな内容まで、法廷で北畠さんは語りました。

奥さんがいて、娘が３人いる。知っているのはそれくらいだ。そんな内容を、無表情に、弱々しい、抑揚のない声で話すのです。

北畠さんのお父さんが来ていました。被告人側の証人として法廷で証言するためです。根室市で団体職員をしているそうです。灰色の背広を着た、いかにも実直で真面目そうな男性でした。

７月23日に息子さんが逮捕されたと知り、９月23日に保釈されるまで（つまり北畠さんは２カ月間も勾留され閉じ込められたことになります）根室から東京に５回通ったそうです。奥さんは2回。

奥さんから逮捕の知らせを電話で聞いて、びっくりしてすぐに弁護士に相談した。2ちゃんねるの内容を送ってもらうと、あまりにもひどい、えげつない中傷で、ショックを受けた。本人に接見したい、被害者にすぐに謝りたいと思い、東京に行ったが、まだ逮捕されて間もなくだったので接見できなかった。謝罪の手紙は夫婦連名で1通、自分名義で2通、妻名義で1通書いた。弁護士を通じて渡そうと思ったが、被害者から「まだ受け入れる気持ちになれない」と受け取ってもらえなかった。

法廷で背中を丸め、巧みとはいえない言葉をつなぎつなぎ、必死で語るお父さんを傍聴席から見ていると、その心痛が伝わってきて、私はいたたまれなくなりました。息子が地元の国立大学に入ったといえば、親にとっては誇らしいことに違いありません。それがこんな形で暗転したのです。

被告を罵り始めた裁判官

私がぎょっとしたのは、法廷で山口裁判官が北畠さんを罵り始めたことです。文言も下品だね。

「君のしたことは許されないんだよ。わかってるね？　極めて卑劣だね。君の品性を疑うよ。2ちゃんねるなんてつまらんものをたくさん見て、現実から乖離しちゃったとか、まあまあ、あるでしょう。でもね、2カ月近くも勾留されて裁判受けて……君、23歳でしょ？　母親が付いて見張っているなんて、情けない。自分ではどう思っている？」

「……自分の考え方が浅かった……軽かったと思います……」

「自分の何が間違ったんだと思う？」

「……」

「どうしていいのか、わからんのだね。科学やってる大学三年生でしょ？　君を見てると危ういんだよ。浅はかだよ。不真面目だったんだね。学業以前に、人間としてちゃんとしていくにはどうするか、考えんといかんね」

怯えたようにハイ、ハイと答えるしかない北畠さんを見て、私はこの裁判官は言葉が過ぎると思いました。

彼のしたことが法律に違反することは明白です。何も擁護できる点は見いだせません。しかし、裁判官の仕事は、その行為にどんな罰を与えるかを決めることであって、被告の人間性や生活態度を公開の場で面罵することではないはずです。何より、有罪なのか無罪なのか、この裁判官はまだ判決を出していないのです。

裁判官の言動の是非はさておき、ここではこのことを覚えておいてください。ネットに書き込みをしただけで、逮捕される。2カ月間、自由を奪われる。家族も巻き込まれる。覚醒剤常習者や窃盗の常習犯と同じ法廷で裁かれる。裁判官から罵倒される。そんな現実が待っているのです。

閉廷後に、北畠さんに廊下で話かけようとしました。法廷の被告席では、弁護士や検事、裁判官の質問に答える形でしか発言できません。また、執行猶予つき判決（刑務所での懲役に行かずに済む）をもらうためには、裁判官の前ではひたすら反省と改悛を示した方がいいのも、刑事裁判では常識です。裁判官や検察官という権力そのものを前にした法廷での言葉のやりとりは、あまりに一方的なのです。傍聴するだけでなく、法廷の外で対面して話を聞かないと、本当の胸のうちは聞けません。何か彼なりに言い分があるのか、あるならちゃんと聞きたいと思いました。

しかし、北畠さんを担当していた若い女性弁護士がキーキーとわめき散らしながら割って入り、話すらさせてくれません。仕方ないので自腹を切って札幌まで行きました。アパートの玄関で、私は北畠さんと立ち話をする格好になりました。「東京地裁でお会いした烏賀陽です」と告げると、彼は私を覚えていました。

被告の北大生は大学を辞めざるを得なくなっていた

大変でしたね、と私は労いの言葉をかけました。昼下がりだったので「近くで食事でもどうですか」と誘いました。聞き取れるか聞き取れないかの小さな声で北畠さんは「浪人中なんで……」と辞退しました。挨拶のつもりで「大学は行ってますか」と声をかけると「……言えないです……」と、また小さな声が返ってきました。その時の私は知らなかったのですが、北畠さんはこの一連の事件で、大学を辞めざるを得なくなっていたのです。

北畠さんの言葉は途切れがちでした。無理もありません。平凡な大学生が、自室のパソコンでインターネットに投稿したら、突然警察が来て彼を逮捕したのです。まだ本人も現実が理解できず、混乱しているようでした。

私は「あなたを責めたり非難したりはしません。あなたの事件から、他のネットユーザーや社会が学んでほしいと思っています。そのために話を聞かせてほしいのです」と必死で頼みました。

「……基準がわからないんです……」

長い沈黙のあと、重い口がようやく開きました。

「どうすれば逮捕されるとか、基準がまったくわからないんです」

なるほど。つまり、それを知っていれば、一線を踏み越えることはしなかったのに、というニュアンスでした。

「ネット上の政治活動って、今始まった話じゃないじゃないですか……どの政党はよくてどこはだめだとかじゃなくて……基準を示してほしいんです」

彼の言うことには一理がありました。ネットの書き込みを理由に逮捕できる法律がある、何を書くと逮捕されるのか、そんなことは普通の市民は知らないのが自然でしょう。

「まさか逮捕されるとは思わんよね」と言うと、北畠さんもかすかにうなずいた。

「……ホント……びっくりしました……」

しばらく沈黙が続いた後、

「もう裁判は終わったんだ……僕にはもう終わったことなんだ……ネットの人たちにはもう何の関係もない……」

独り言のように彼が言い始めたあたりで、私はその場を辞しました。

(訪問に先立つ同年10月22日、東京地裁は北畠さんに懲役1年6カ月・執行猶予3年の有罪判決を下しました。法廷は2回開かれただけでした)

被害者・藤井厳喜氏はなぜ刑事告訴したのか？

判決後の同年12月、私は「被害者」である藤井厳喜氏にも話を聞きに行きました。東京都内の同氏の事務所で面談しました。

ネットの書き込みで刑事告訴をしようとまで決心するに至った理由を聞きたかったのです（事実上、名誉毀損罪は被害者からの届けがないと捜査が始まりません）。また、こうしたネット書き込みの刑事事件で「書いた側」と「書かれた側」両方に直接取材した例は稀です。その両側の「温度差」のようなものを読者のみなさんに知ってほしいと思います。また、インタビュー内容は当時のままであることを念頭にお読みください。

――2ちゃんねるの書き込みを刑事告訴しようと思ったいきさつを聞かせてください。

「私には子供が3人います。犯人は勘違いして娘が3人だと思っていますが、娘は2人です。私とカミさん、両親、合わせて家族7人が、事件に関わっています。80歳のおふくろは『警察に届けたりしたら仕返しされるんじゃないか』と怖がっていました」

「長男は男の子だし（書き込みを）あまり気にしていなかった。カミさんは幸いそこまで日本語が読めない。しかし娘たちはショックだったんです。日本語が読めるしダメージが大きかった」

（注：藤井氏はメキシコ人女性との国際結婚。子供たちは日本育ち）

――なるほど。若い女性が見知らぬ人間からあんなえげつない言葉を投げつけられたら精神的につらいでしょうね。

「犯人は表向きは手紙をくれたし、謝罪すると言っているが、本当はわかっていない。いちばん謝罪してほしいのは娘なのです」

――娘さんたちはおいくつですか。

「長女が１９８４年生まれの26歳。次女は90年生まれの20歳です。これは法廷でも言いたかったけど言わずにおいたのですが、あの書き込みを見て、引きこもり気味というか、うつ的になってしまった。特に下の子は半年くらい私とのコミュニケーションも拒むようになった」

――うーん。そういう被害があったのですね。

「子供たちは（ハーフなので）外見が違うんです。幼いころから、習い事や買い物の場で、差別的な体験をしていますから、敏感なんです。『私がハーフだからこんなことを書かれたんだろうか』と考えてしまう。犯人は意識していないでしょうけど……」

――藤井さんご自身への罵倒はどう感じておられるのですか。

「私自身は腹が立っているというより呆れています。『あーあ、こんな人もいるんだなあ』と。刑法上の事件は片付いたとしても、道徳的・倫理的には終わってないと考えています」

――書き込みをした北畠さんにはどうお感じですか。

「未熟といえば未熟すぎます。北大理学部といえばノーベル賞学者の後輩じゃないですか（注：2010年に鈴木章・北大名誉教授が同化学賞を受賞）。そこを2年も休学して……。大学に復学すると聞いていたので『ちゃんとした社会人になってほしい。協力するから』と言ったんですが、結局大学辞めちゃったみたいですね。本人だけでなく、お父さんまで法廷で裁かれているようで気の毒でしたね。ご両親にはある意味で同情しています」

――どういう経緯で北畠さんの書き込みを見つけられたのですか。

「ふだん2ちゃんねるは見ません。私の読者の方から『こんなことが書かれています』と通報が10件くらいあった。その中に私を『殺す』という殺人予告があった。メール爆弾も来た。調べても、トンガとかフィジーとかのサーバーを経由しているので、たどれない。警察に相談する過程で、名誉毀損罪も並行して捜査しましょう、ということになった」（注：北畠さんは藤井氏への殺人予告やメール爆弾は否定している）

――警察に刑事告訴するに至った経緯を教えてください。

「私自身への攻撃ならまだ無視するだけなのです。しかし『殺す』と脅迫されたり、家族の名誉まで毀損されているのですから、一般犯罪として抑止しないといけない」

――言論人として、言論に対抗するのに警察力を使うことにためらいはありましたか。

「もちろん、言論人としては、どちらかというとやりたくありません。しかし、あそこまでの内容が出ているのはおかしい。限度を超えています。自分や家族に危険や被害が及べば、仕組みとして（警察を）自己防衛に使うのは自然なのではないでしょうか」

――逮捕や起訴まで予想されていましたか。

「被害届を出しても、事件にはならない、警察もそこまではやらないんじゃないかと思っていました。犯人を特定しても、注意するだけで終わるのではと思っていた」

――なるほど。

「警察が好きか嫌いかという問題ではないのです。子供の気持ちにまで被害が及べば、父親として、家長としての責任が私にはあります」

――2ちゃんねるをはじめ、インターネットにはプライバシー侵害など不法行為の温床になっている空間があります。どうお考えですか。

「私は2ちゃんねるには関わりません。しかし、2ちゃんねるを潰せというサイバーテロには抗議します（注：2010年3月、アメリカにある2ちゃんねるのサーバーがサイバー攻撃を受けてダウンした）。言論の自由の場をつぶせというのはおかしい。そういう英語メッセージをＹｏｕＴｕｂｅで放送したら、アクセスが5万件に急増した。どうやらそこで私の名前が知られてしまったようです。英語やハングルで1万通くらいメールが来た。アダルト画像付きのメールが5千通来るとか、そういうサイバー攻撃に遭いました。サーバーはパンクし、メールの削除に1週間かかりました」

藤井氏と話してみて、なぜ同氏が警察に相談する決心をしたのか、その気持ちの一端が理解できました。娘さんが精神的にダメージを受けてうつ的になった、という話をするあたりで、同氏が涙声になったからです。娘を愛する父親として、愛する家族を傷つけられることほどむごい仕打ちはないでしょう。自分が選挙に立候補したことが発端だったのなら、責任を取ろうとするのも当然と思います。特に幼いころから差別的な経験をして、敏感になっている子供なら、なおさらです。

名誉棄損罪のルーツは明治初期にさかのぼる

ネットの書き込みを理由に、警察が投稿者を逮捕できる「名誉毀損罪」とは、どんな法律なのでしょうか。そんな恐ろしい法律が21世紀の今日生きているという事実そのものに、みなさんは驚いたのではないでしょうか。

実は現代日本における「言論の自由」とは「大きな制限付きの自由」でしかないことをお話ししておきましょう。ちょっとむずかしい話ですが、しばらく我慢してください。

名誉毀損罪のルーツは明治初期にまでさかのぼります。明治維新直後、まだ旧刑法すらなかった1875（明治8）年、太政官令として定められた「讒謗律《ざんぼうりつ》」がその起源です。「凡ソ事実ノ有無ヲ論セス人ノ栄誉ヲ害スヘキノ行事ヲ摘発公布スル者之ヲ讒毀トス」。

これは「事実を挙げる挙げないにかかわらず、著作物を通じて栄誉を毀損することに対する罰」を定めた法律です。なぜこんな法律がわざわざ作られたかというと、当時は自由民権運動（明治維新後の薩長藩閥政府に対抗して憲法制定、議会開設、言論の自由などを求める社会運動）が燃え盛っていて、政府批判が活発だった。それを抑え込もうとしたからです。ですから、もともとの性格からして、言論の自由に対して抑圧的です。

5年後の1880（明治13）年に刑法（大日本帝国憲法下のいわゆる『旧刑法』）ができて「讒謗律」はその中に吸収されます。そして第二次世界大戦後、新憲法の下で新刑法ができた後も、なぜかこの名誉毀損罪は廃止されず、そのまま生き続けています。つい数年前まで江戸時代＝身分制社会だった明治初期のDNAを受け継いでいるせいでしょう。今も名誉毀損罪は非常に前時代的な論理構造を持っています。

雑駁に言うと「社会的名誉を低下させる批判は罰する。しかし例外的に以下の場合のみ罰しない」です。つまり「批判的言説を公にしたらダメ。例外だけ許す」と裁判所は判例で言っているのです。

「例外」とは「その発言が公共の利益のために行われたとき」「その発言が真実である

とき」「真実でなくても、発言者が真実に足ると信じる根拠を持っていたとき」です。

無理やり持たせた「言論の自由」との整合性

なぜ北畠さんの書き込みを裁判所が「有罪」と判断したか、つまり罰すると決めたか、もうおわかりでしょう。

北畠さんの書き込みには、公共の利益のためになる要素が何もない。さらに、真実ではない。あまつさえ、真実と信じる根拠すら、北畠さんにはありません。

みなさんがネットに誰かの批判（罵倒、侮辱語も含め）を書こうと思うときには、この「３原則」を思い出してください。あなたの書き込みはこの条件を満たしますか？

なぜ「例外３原則」（これは判例で決められました）があるのかというと、明治初期に政府を守るためにできた「人の批判を公に言ったら罰する」という法律が、戦後の日本国憲法が持つ「言論の自由」の原則と合わなくなったからです。それなら新憲法制定時に刑法から名誉毀損罪を削除すればよかったのに、なぜかそうはなりませんでした。

なので、判例で「例外」を設けて憲法との整合性を持たせています。いわゆる弥縫《びほう》策、つまりはツギハギです。

これはつまり「批判的言論は原則ノー、例外的にイエス」という法律運用です。「言論の自由には、他者を不快にする自由も含まれる」（原則イエス）という判例が確立している米国の言論の自由とは正反対です。

しかし、1990年代の終わりごろまで、刑法の名誉毀損罪で逮捕される事案はそれほど多くありませんでした。その条文をご覧ください。

「公然と事実を摘示し、人の名誉を毀損した者は、その事実の有無にかかわらず、三年以下の懲役若しくは禁錮又は五十万円以下の罰金に処する」

この「公然と」という言葉が曲者なのです。これは「不特定多数の人がその文言（批判や悪口など）を見ることができる状態になっている」という意味です。「公開されている」と言い換えてもいいでしょう。

名誉棄損を問われるのはもっぱらマスメディアだった

名誉毀損罪が、インターネットはおろか、コピー機すら普及していなかった時代にできた法律であることを思い出してください。普通の市民が持ち得る印刷技術といえば「青焼き」とか「ガリ版刷り」くらい、それも職場に1台あればよいほうでした。

そんな時代に「不特定多数の人が批判や悪口などを見ることができる状態」にするには、印刷機や紙を用意して、ビラやチラシを大量に印刷し、ばらまくといった手段しかありませんでした。そんな時代に公開の場で名誉を毀損するためには「印刷機や紙を用意し、印刷し配布する」ための「時間」や「資金」といった「資源」が必要だったのです。つまり、それだけ名誉毀損行為に至る決意や労力、資金が必要であり、悪質だったのです。刑法で罰するに値する悪質性はあったと言えるでしょう。

一例を挙げましょう。そうした「旧時代」に名誉毀損罪に問われた行為といえば、恋人に振られた腹いせに、その家や職場の周囲に「Q子は淫乱」などと書いたチラシをばらまく、街頭に貼るなどの行為でした。

また一方、こうした旧時代に「言論を誰にでも見ることができる状態にできる」つまり大量印刷と配布の技術を持っていたのは、新聞や雑誌、書籍など、紙メディア企業だけでした（後にラジオやテレビなど電波マスメディアが加わります）。ですから、名誉毀損を問われることがあったとしても、だいたいはマスメディア企業だけであり、一般市民にはほとんど関係がなかったのです。

インターネットユーザーは「名誉棄損罪の犯罪者予備軍」

ところが、１９９０年代後半からインターネットが普及し、状況は一変します。

インターネットは、掲示板であろうがブログであろうがＳＮＳであろうが、そこに書き込んだ瞬間、文言を「誰もが見ることのできる状態」に公開してしまいます。投稿者はパソコン画面にだけ書き込んでいるような意識でも、インターネット回線の向こうには数千、数万の人間がいてそれを見ることができます（非公開に設定しない限りですが、そもそも非公開で他者の批判をすることなど日記と同じで、ネットに書くこと自体が無意味でしょう）。ここで名誉毀損罪の要件である「公然と」が成立してしまうのです。

いま、みなさんの手の中に、インターネットにオンラインでつながっているスマホがあることを思い返してください。そこからツイッターやフェイスブック、インスタグラムといったＳＮＳに文章や写真を投稿することは、ごくありふれた行為でしょう。その文章や写真は不特定多数が見ることができる状態に公開されます。つまり名誉毀損罪の条文が言う「公然」状態になります。

そこで公開した内容が「公共の利益を図る目的がない」かつ「真実ではない・真実と信じるに足る根拠がない」ならば、名誉毀損罪は成立してしまいます。誰かの批判や悪口を書いたとき、あなたは「私は大丈夫」と言い切れる自信がありますか。

つまり、あえて語調を強めれば、明治時代のままの名誉毀損罪がインターネット時代に生き続けているという組み合わせによって、すべてのインターネットユーザーは「名誉毀損の犯罪者予備軍」になったと言えるのです。こうした法律を放置したままの状態では、インターネットは、一般市民がある日突然逮捕されかねない、きわめて危険な地雷原だといえるでしょう。

新聞記事のデータベースである「Gサーチ」を「名誉毀損」「逮捕」をキーワードに検索してみると、同罪違反容疑による逮捕事件の記事が初めて出てくるのは1999年1月22日付の朝日新聞福島版です。このあと、記事数は急増します。

「交際して」女性の名かたりネットに　福島の会社員逮捕

福島署は二十一日、福島市中町、会社員A容疑者（二三）を名誉毀損《きそん》の疑いで逮捕した。調べによると、A容疑者は昨年九月十六日、郡山市内の会社員の女性（二四）の名をかたり「だれでもいいから交際して」などといった文を、女性の住所や電話番号、メールアドレスと共に、インターネットの複数の掲示板に投稿、掲載した疑い。A容疑者は交際していたこの女性に振られた腹いせに犯行に及んだと見られ、容疑を認めているという。

掲示板は友達づくりのために、だれでも自由に投稿、閲覧できるようになっているという。女性は、自宅にかかってくる電話で投稿文の存在を知り、十月中旬に告訴していた。

１９９９年当時、インターネットの人口普及率は21・４％にすぎませんでした。それが２０１６年には83・５％に急増しています（総務省）。この20年は、インターネットユーザーが社会の「少数派」から「多数派」に転じた20年間だったといえます。

ところが、爆発的なスピードでユーザーが増えたため、インターネットへの投稿で逮捕されるような法律が存在することすら、一般市民の大半は知らないままになっています。そうした啓蒙活動も、ほぼ存在しません。新しいテクノロジーの普及のスピードに、人々の知識や認識が追いつかないのです。

状況に追いついていないネットリテラシー教育と啓蒙活動

前述の北畠さんの例を思い出してください。彼は裁判が終わって有罪判決を受けた後も「何が基準なのかわからない」と言い続けていました。私はこの言い分には一理があると思います。日本社会では、インターネットと法律に関する安全教育、つまりネットリテラシー教育・啓蒙活動がまったくと言っていいほど行われていないのです。これは市民にとって極めて危険な状態ではないでしょうか。

１９６０～70年代「自動車」というテクノロジーが急速に普及した結果、交通事故による死傷者が急増しました。それに日本社会がどう対応したかというと「交通安全教育」という教育・啓蒙活動を展開したのです。まず、自動車の運転には免許が必要です。免許を取る人の多くは教習所に通います。これは「教育」です。

さらに「酒を飲んで運転してはいけない」「スピードの出しすぎは危険」などの知識が広められた。「自動車という新しいテクノロジーをどう扱えばいいのか」という「リテラシーの向上」が社会全体で行われたのです。自動車にもシートベルトやエアバッグが装備されるようになりました。その結果、交通事故による死傷者は減少へと向かいました。

インターネットもこれに似ています。新しいテクノロジーの普及に、利用者のリテラシーが追いつかない。逮捕者が出る。自動車でいえば、運転者が事故を起こして誰かを死傷させ、逮捕されるのに似ています。

自動車の場合は「酒気帯び運転は危険」など「何をすると刑事罰を受ける可能性があるのか」というリスクを警告する啓蒙活動が行われました。しかしインターネットでは、そうしたリスクを知らせる活動はほぼ皆無です。誰もやってくれないのなら、他に方法がありません。市民は自ら学び、自分の身を守るしかないのです。私がこの本を書いている目的も、そうしたリテラシーの向上にあります。

誤解を封じるために付言しておきます。時折ネットに「殺す」「爆破する」などと書き込んで逮捕されたというニュースが流れます。あなたは「私はそんな暴力的なことは書かない」と安心していませんか。

「殺す」「爆破する」は「脅迫」「威計業務妨害」などの罪条が適用されます。「名誉棄損」とは全く別です。名誉棄損の文言は「批判」だけで成立してしまいます（法律用語では「社会的評価を低下させる」と言います）。しかしそれでは社会的な議論が全く成立しなくなるため、前述の例外を設けて免責します。裁判所はそう言っているのです。文言が暴力的でなくても名誉棄損は成立してしまう。だからこの法律は危険なのです。

今も生きる判例、ラーメン花月・平和神軍事件

もう一つ市民にとって悪い知らせは「裁判所は、ネット上の市民の言論に極めて苛烈な態度で臨む」という事実です。「できるだけ市民のネット言論を自由にしていこう」ではなく「できるだけ抑制しよう」という裁判所の考え方が判例に表れています。

これが如実に表れ、最高裁判例として確定したのが「ラーメン花月・平和神軍事件」です。最高裁判例ですので、今も生きています。そして地裁や高裁の裁判官の判断を拘束しています。つまり今後も、類似の事件が起きれば、判決はこの最高裁基準に従うのです（別の事件が起きて最高裁まで争い、最高裁がこの判例を覆さない限り）。

かれこれ十数年前の事件ですが、極めて重要なので詳しく説明します。

あらましはこうです。ＩＴエンジニアでブロガーの橋本健作さん（仮名。１９７２年生まれ。ブログではペンネームを使用）が、「平和神軍観察会」というブログで一連の記事を連載・公開していました。その内容は「ラーメン花月」（当時）という飲食店のフランチャイズ事業を展開していた「グロービート・ジャパン」という会社が、右翼団

体「日本平和神軍」と関係があると指摘し、批判する内容でした。

それに対してグロービート社側は、２００２年11月にこのブログを「被疑者不詳」のまま名誉毀損罪で刑事告訴しました（民事提訴）。橋本さんに警察から連絡があったのは２００３年夏。逮捕はされずに在宅のまま起訴されました。一審の東京地裁が判決を下したのは２００８年2月。結果は「無罪」でした。

この東京地裁の判決は市民の言論に寛容な基準を示しました。まず橋本さんの書いた内容に「公共の利益がある」と認めた。「単なる悪口や誹謗中傷ではなく、社会が広く知る価値のある内容である」と認定したのです。具体的に言うと「ラーメンチェーン企業と右翼団体のつながりの有無を調査した結果は、ひろく社会が知る価値がある」と判断した。

その上で「インターネット上での一般市民の表現には、これまでの基準を緩和すべきである」という画期的な判断をしました。

「被告人（橋本さん）は、インターネット上で情報を発信する際に、個人利用者に対して要求される水準を満たす調査を行った上、本件表現行為において摘示した事実がいずれも真実であると誤信してこれらを発信したものと認められ（中略）被告人に対して名誉毀損の罪責は問い得ないと考えられる」（傍線は筆者）

説明します。それまでの名誉毀損罪の「免責3要件」は、ネットがなかった昭和44年（一九六九年）の最高裁判例が出したものです。被告になったのは「夕刊和歌山」という媒体。つまりは専業の新聞記者が書いた記事についての判断でした。

橋本さんの事件での東京地裁の判断は「専業記者でない市民がインターネットで発信した情報には、それより緩和された基準があるべきだ」と言ったのです。これはインターネット上での市民の言論に、より広い自由を認めた、という意味です。旧来型の新聞・雑誌記者など「専業記者」ではない一般市民には緩和した基準を適用しようという発想でした。当時、普及の途上にあったインターネットでの市民の情報発信を、新しい言論として保護しようとした、とも言えます。ここまでは良かった。

ところが２００９年1月、東京高裁はこの判決をひっくり返します。控訴した検察側の求刑通り、罰金30万円の有罪判決を出したのです。

高裁では、事実関係の争いに変更はありませんでした。橋本さんの書いた内容に公共の利益があることも認めています。高裁が変更したのは「インターネットを使った個人利用者に、最高裁判例の基準を変更する考えには賛成できない」という点だけです。つまり「専業記者でない一般市民だからといって、基準を緩和する必要はない」＝「一般市民にも専業記者と同じ厳しい真実性の基準を要求する」と言っています。

一審の東京地裁が裁判官３人の合議体で22回も公判を開いたのに対して、高裁はたったの2回。被告人である橋本さんに質問すらせず、1回の公判で結審して2回目で判決を出しました。事実関係の争いに変更はないのですから、同じ証拠を使って正反対の結論を出したことになります。つまり裁判官の主観の違いにすぎない。「一審判決をひっくり返す」と最初から決めていたとしか私には考えられません。

そして２０１０年3月15日付で、最高裁判所も高裁判決を支持したため、橋本さんの有罪は確定しました。最高裁判例ですので、今後日本の下級審（簡裁、地裁、高裁）の裁判官を拘束します。もちろん、２０１８年現在もその効力は生きています。これを覆す決定を最高裁がしていないからです。つまり刑法の名誉毀損罪に新たな条文が書き加えられたのと同じ効力を持っています。

ネット発言に求められる「専業記者」レベルの正確性

まとめると、裁判所はこんなメッセージを国民に向けて宣言しています。

「ネットという新しいメディアでは、一般市民も多数に向けて発信できる。しかし、その内容には、専業記者と同じレベルの正確性がなければならない。なければ罰する」

他ならぬその「専業記者」として1986年以来ずっと活動している私からすると、この内容は市民には過酷です。日本の一般市民には「専業記者と同じレベルの情報の正確性をどうやって確保すればよいのか」を学ぶ場所がないからです。

私は大学を卒業して朝日新聞社に記者として採用され、新聞とニュース週刊誌などで17年働きました。記事を書き出版するという日々の仕事に加えて、社内教育・研修で「情報の正確性」について学びました。職場の上司や先輩からも直接教わりました。

具体的には「これだけの根拠を取材で集めたのなら、この表現までは記事で書いてよい」「しかし、ここから先は無理だ」という「線引き」といえばよいでしょうか。取材は十分だと思ったのに、記事を出してみると、読者からの指摘で、自分の取材が薄かったことを知った経験も多々あります。毎日が「正確性」の学習の連続だったといっても過言ではありません。

新聞社や出版社の社員になると、こうした「教育」を受けることができます。ところが、こうした「記事の正確性」についての教育は、新聞社や出版社、テレビ局の「社員」にならないと関わることができません。「わが社の社員」だけが受けることができる、クローズドの教育なのです。社員ではない一般市民は参加することができません。当たり前じゃないか、と思うかもしれません。ところが日本の外ではそうではないのです。

欧米の例を挙げましょう。アメリカでは、多くの大学が「ジャーナリズム・スクール」を持っています。ロー・スクールやビジネス・スクールと同種の専門職を育てるための「プロフェッショナル・スクール」です。４年制大学卒業者を対象に、１〜２年のカリキュラムを設けて、修了者にはディプロマ（卒業証明書）を発行します。コロンビア大学やミシガン州立大学、カリフォルニア州立大学バークレー校のＪスクール（ジャーナリズム・スクール）は、優秀な記者を多数送り出していることで有名です。

私が1992年から2年間通ったコロンビア大学の国際公共政策大学院（SIPA）は、Jスクールとの共通カリキュラムを多数開講していたので、私もJスクールの授業を見る機会がよくありました。そこでの私の観察の結論は「ジャーナリズム・スクールとは、日本の新聞社が社員に施す記者教育を、授業料さえ払えば一般市民でも学べるように公開した学校だ」ということです。

学生は、編集長役の教授（多くは新聞やテレビのベテラン記者出身）の下について、記事の企画を提案し、現場に行き、取材し、書いて公開する。日々その繰り返しです。「ブロンクス・ビート」という新聞を学生たちが作って発行していました。名誉毀損事件の判例を学ぶロー・スクールとの合同授業もありました。「学問研究の場」ではなく、徹底的に実践的なのです。「学生」も大学新卒者から中高年、あるいは現役のマスメディア記者が自分の経験を体系付けるために入学した、外国の記者が留学している、など実に多種多様でした。その「学生」から教わることも多々あった。

こうしたJスクールを卒業するころには、学生は記者として「即戦力」になっています。もちろん、ベテラン記者の域には達しないのですが、日本の新聞社でいえば入社1

～3年目くらいまでの新人教育レベルはクリアしています。新聞・雑誌・テレビ局・ネット媒体など報道媒体に就職する人もいれば、フリーランス（最近はブロガーも）になる人もいます。こうしたJスクールで記者スキルが公開されているおかげで、米国ではフリーランス記者やブロガーの層が日本よりはるかに厚いのです。そして平均的スキルも高い。悔しい話ですが。

（最近は日本の大学の一部もジャーナリズム・スクールを開校しています。が、残念ながら、その実態はマスコミ企業への就職予備校というのが偽らざる現状です）

さて話を元に戻します。

「日本には、米国のJスクールのように一般市民が専業記者レベルの正確性を学ぶ場所がない」

という事実に、先ほどの「ラーメン花月・平和神軍事件」の最高裁判例を重ね合わせてみてください。

「裁判所は、市民の発信するネット情報にも専業記者レベルの正確性を求めている」

結論はどうなるでしょうか。

一般市民には、専業記者レベルの正確性を記事に持たせるノウハウがわからない。学ぶ場所もない。

そこに裁判所が「専業記者並みに正確でなければ、ネットで発信したら刑法で罰する」と言っているのです。

普通の人なら、怖くて発信できません。黙っていよう、誰も怒ることのない当たり障りのない話題だけ発信しようと考えます。こうして自由な言論が抑圧・抑止される現象を「冷却効果」(Chilling Effect)といいます。

つまりは、裁判所は「インターネットという一般市民にも発信ができる新しいマスメディアができたが、一般市民の発言はできるだけ抑止あるいは抑制する」という判例を作っているのです。

市民が参加する新たな言論空間の誕生に水を差す判決

時代背景を付言しておきます。当時は「市民記者」「市民ジャーナリスト」という新しい考えが誕生しつつありました。新聞・テレビといった旧メディアだけに情報発信を任せるのではなく、広く市民がネットで情報発信して、民主主義社会に参加しよう。そんなアイデアです。韓国で２０００年に創刊された市民記者メディア「オーマイニュース」が日本版を発行し始めたのが２００６年でした（２００９年閉鎖）。

ラーメン花月・平和神軍事件での裁判所の判断は、こうした一般市民が広く参加する言論空間のせっかくの誕生を、窒息させてしまった。私の観察では、そう思います。

私は事件の被告になった橋本さんに何度か会って話を聞きました。ブログを書く根拠にした資料も見せてもらいました。

グロービート社の会社登記（役員の氏名や資本金が公開されている）を法務局で取り、平和神軍の主催者について「週刊新潮」が書いた記事など資料を集めていました。そこから、ラーメンＦＣ会社の役員と右翼団体の主催者が親族であること、事務所の住所や電話番号が共通することなどを橋本さんは書いていました。こうした基礎資料（公開資料）の収集は、プロの記者の世界での調査報道でも、基本中の基本です。そうした記者教育を受けた経験のないＩＴエンジニアとしては、橋本さんの調査は根拠の収集に努力を尽くしている。専業記者である私から見ても、そう思えました。

もし、私が橋本さんのブログを公開前に見ることができたなら「ラーメンＦＣ企業と右翼団体が『一体』とまでは言えないんじゃないか。あくまで組織上は別なんだから『両組織にはコレコレの関連がある』という表現にしてはどうだろう」などと文言の修正をアドバイスしたと思います。

こういった「この根拠では、Ａまでは書けるが、Ｂとまで書くには弱い」というようなノウハウが、まさに私のような専業記者が新聞社やフリーランス時代に学んできたことなのです。新聞・出版業界では、日常業務として「デスク・記者」「編集者・ライター」などがコンビを組んで、こうした文章表現を出版前に緻密に検討します。

また、橋本さんがブログの執筆で報酬や利益を得ていない、ボランティアであることも、重要な要素だと思いました。営利活動ではなく、一市民として「言論を調査・公開する」という形で社会に知識を還元しようとしています。これはネット時代の民主主義社会への市民参加として、奨励されこそすれ、非難されることでは決してありません。

自分が食べに行くラーメン店（個人的に言うと、私は『花月』のラーメンが好きで時々食べに行きます）あるいは自分がフランチャイズに参加しようというチェーン店が、経営母体が右翼団体と関係があるのか、あるいはないのか、あるとするならその根拠は何か、情報が公開されていることは重要です。東京地裁も高裁も、橋本さんのブログに「公共の利益がある」と判断しているのは、そういう点を指します。

もちろん、もし仮にラーメンＦＣ企業が右翼団体と関係があったとしても、私は「良い」とも「悪い」とも考えません。経営者が、企業で得た利益を自分の信じる政治や宗教上の思想活動に注ぎ込んでも、それはその人の自由です。「知が社会に共有され、市民が知ったうえで、それぞれが自分の行動を決めることができる環境」が重要なのです。「右翼団体と関係のあるようなラーメン店には行かない」という人もいれば「そういう店ならぜひ行きたい」という人もいるでしょう。最初から「こんなブログは信じない」と思う人もいるでしょう。それでよいのです。

ネット上の言論を目の敵にする新聞

この「ラーメン花月事件」のもうひとつの特徴は、新聞が橋本さんに極めて敵対的な論調で臨んだことです。例えば朝日新聞の社説を引用しましょう。

ネットの倫理　自由な言論は責任が伴う

インターネット上の書き込みに対しても、名誉棄損罪は活字や放送メディアと同じ程度の厳しさで適用される。そういう初の判断を最高裁が示した。

罪に問われた男性は自分のホームページで、外食店を展開する企業を「カルト集団」などと中傷したとされた。一審の東京地裁は、ネットで個人利用者が発信する情報の信頼性は一般的に低いとして、従来より緩やかな基準を示して無罪とした。だが、東京高裁、最高裁ともこれを認めなかった。

第三者を傷つける可能性のある安易なネットでの情報発信にくぎをさしたきわめて妥当な判断だ。ネット空間を無秩序な世界にしてはならず、法律に基づく社会のルールを同じように適用するという考え方を示したといえる。

ネット上のトラブルは急増している。全国の警察に寄せられた中傷被害は年に約1万件を超える。その中には、匿名性をいいことに無責任な発信をしたものも多い。実際、ネット上には根拠のない記述や誹謗《ひぼう》中傷があふれている。ネット百科事典にもそうした記述が増え、内容を管理するボランティアが不適切な書き込みの削除に追われている。

一方で、悪質な書き込みについて削除を求められても放置し、裁判で賠償命令が出ても応じない管理人もいる。

思い出すのは昨年、お笑いタレントのブログに、殺人事件に関与したかのような中傷を繰り返したとして、警視庁が６人を書類送検した事件だ。

２００２年に施行されたプロバイダー責任制限法で、被害者はネット接続事業者に発信者の情報開示を求めることができるようになった。この事件では、そうして発信者を見つけた。

事情を聴かれた人たちの多くには、犯罪の意識がなかったという。実名であれ匿名であれ、情報は発信者の責任であることに気づかなかったわけだ。

首相がツイッターでつぶやき、有権者がじかに反応を返す。そんなことまで、できる時代になった。

ネットには、職業、地位、年齢などにかかわらず誰もが平等に参加し、自由に議論ができるという特性がある。それをうまく利用すれば、闊達《かったつ》な言論空間として生かすことが可能だ。

だが、社会はまだこの可能性をうまく使いこなしているとはいえない。

法に触れるようなケースでなくても、気軽に書き込んだ言葉が書き手の想像を超えた範囲に広がり、相手を深く傷つける場合もある。

自由な発言には責任が伴うことを自覚しないといけないのは、ネット上でも同じことだ。次世代を担う子どもには、あふれる情報を読み解き、正しく発信する能力を身につけさせたい。

ネット空間を、秩序ある公共の場にする。それは私たちの社会のとても重い課題だ。

（2010年3月18日付朝刊）

他にも読売、毎日、産経もこの最高裁判決について社説を掲載しています。いずれも、橋本さんのブログを「無責任」「中傷」と描写し、ネットいじめやプライバシー侵害と同列に並べ、非難しています。そして最高裁を「妥当な判決」として肯定します。刑法230条の名誉毀損罪の是非には一言も触れません。

言うまでもないことですが、衰えたりとはいえ全国紙は日本では最大の影響力を持つ言論機関です。自らも言論を業務としているのですから、その自由の侵害や制限については、より一層敏感であると思いきや、ここでは真逆の態度を取っています。

東京地裁も高裁も橋本さんのブログを「公共の利益がある」とちゃんと認めているのに「無責任な中傷」と、判決が言ってもいないことまで勝手に踏み込んで非難するのです。個人的な感想を言えば、社説の筆者が裁判に提出された証拠書類をちゃんと読んだのか、当事者に取材したのか、疑わしく思えます。

新聞という旧型メディアが、ネットでの市民の言論発信を擁護するどころか、極めて敵対的であることがわかります。理由はよくわかりません。ここでは、こうした旧メディアの敵対的な態度を、単なる事実として、記憶にとどめておいてください。

「名誉棄損罪」で逮捕・勾留された労組委員長

もう一つ重苦しい話をしますが勘弁してください。

この刑法の名誉毀損罪は「批判や内部通報など、自分にとって都合の悪い言論をつぶす」手段に使えることに、すでにお気づきだと思います。

私が取材した例では、企業が労働組合のウェブサイトの描写を名誉毀損で刑事告訴し、労組の委員長が逮捕され、ウェブサイトも閉鎖されてしまった例があります。ここでは「大京労組事件」と呼ぶことにしましょう。

「大京」は「ライオンズマンション」というブランドで有名なマンション・不動産開発会社です。2017年度のマンション供給戸数は2340戸で、業界での全国ランキングは6位です。「大京ライフ」は、その大京が分譲したマンションの管理をするグループ内会社です（2014年、別のグループ内企業に吸収合併）。

多くの分譲マンションには建物の清掃や来訪者の受け付け、備品の管理をする「管理人」がいて、常駐したり、複数のマンションを巡回したりして担当しています。「大京ライフ」はそうしたマンション管理人を抱える会社でした。

２００２年8月に大京ライフに入社し、横浜市戸塚区の同社のマンション管理人として働いていた笠原大将さん（73＝仮名）という男性が、２００７年1月に管理人の労働組合をつくり「大京労働組合」と名乗ります。

法廷に提出された厚労省の「労働組合基礎調査票」によると、組合員数は17人（２００９年）。全労連・全国一般労働組合神奈川地方本部に加盟していました。会社側の告訴状でも、同組合との団体交渉が持たれたことが記されていますので「大京労働組合」は存在し、きちんと労働組合として活動していたことがわかります。

なぜ「存在した」などと書くかというと、労組のＨＰの記述を刑事告訴し、しかも警察・検察が委員長を逮捕・起訴するという手法が、にわかに信じがたかったからです。

もちろん、刑事告訴したのは大京という企業であり、逮捕・起訴したのは警察・検察ですから主体は違います。

しかし、結果として大京労働組合は活動停止に追い込まれました。私には、これは労組への過剰な介入に思えます。

労働組合の権利（労働組合を結成する権利、団体交渉する権利、ストライキをする権利など）は法律で手厚く保護されていて、それを理由に会社側が労働者を不利に扱うと「不当労働行為」になります。

ましてそこに警察・検察が介入するなど、本来なら権力による労働基本権の侵害として大問題になりかねません。「そんなことを本当にしたのか」というのが第一印象でした。労働組合が「形だけのもの」だったのではないかと最初は思ったのです。

また、労組の委員長を逮捕したというのも最初は信じられませんでした。しかも刑事告訴した雇用者は著名なマンション開発業者です。後述しますが、ウェブサイトには公益通報（ホイッスル・ブロワー）的な情報が含まれていました。

これでは刑事告訴した会社側も「組合あるいは内部通報をつぶすために刑事告訴したのではないか」と勘ぐられかねません。それは大京のような歴史と実績のあるマンション業者にとっては、かえってリピュテーション・ダメージ（評判の低下）になり得ます。

しかし驚いたことに、すべて本当でした。私が初めて笠原さんに会ったのは、東京地裁の法廷でした。しかも笠原さんはまだ勾留中で、手錠をかけられ、捕縄を付けられたまま廷吏に付き添われて入廷したのです。前述の「ラーメン花月・日本平和神軍事件」では、橋本さんは逮捕されてはいません。「名誉毀損罪で逮捕・勾留されている」という事実そのものが自分の目で確かめるまで信じられませんでした（同じ名誉毀損罪でも、どういう事案なら警察は逮捕し、どういう事案ならしないのか、という基準はよくわかりません。警察・検察は公開していません。警察庁に問い合わせても法律一般論以上の具体的な理由を説明しませんでした）。

マスメディアがまったく報道しなかった「大京労組事件」

もう一つ「信じられなかった理由」は、この大京労組事件が、新聞・テレビではまったく報道されていないからです。

笠原さんの逮捕は２０１０年5月に行われました。新聞のデータベース「Gサーチ」

で朝日・読売・毎日・東京・神奈川新聞のほか、共同・時事など通信社の記事も、キーワードを変えて何度も検索してみたのですが、一件もヒットしませんでした。検索した媒体はいずれも警察の記者クラブ加盟社です。

警察が逮捕を発表しなかったのか、各社が一斉に無視したか、ボツにしたのか、理由はわかりません。もし仮に警察が市民を逮捕して公表しなかったのなら、それは権力行使のあり方として極めて問題です。そして、この「社会に公開されずに逮捕・勾留が行われた」という事実が、またネガティブな疑念を社会に広めることは避けられません（言うまでもなく、新聞記事にならなかったことは大京側の責任ではありません）。

社会に公表されていれば「名誉毀損で逮捕していいのか」「労組の活動の妨害ではないのか」「公益通報の妨害ではないのか」など、世論が様々な角度から検証することが可能だったはずです。本来、公権力の行使には、こうした社会全体からの検討や議論が不可欠なのです。それが「権力監視」の基本的な姿なのです。

私は知り合いの弁護士からこの事件を教えてもらい、半信半疑で東京地裁の法廷に行って、確認しました。正直に言って、眼前で起きていることが信じられませんでした。

私が新聞記者として警察を担当していたころの経験で言えば、もし警察が誰かを逮捕して公表しなかったら、各社が一斉に抗議したでしょう。

逮捕の基準がはっきりしない恐ろしさ

私は数カ月法廷に通い、傍聴しました。担当弁護士にも取材しました。保釈されてからは、東京地裁の近くや笠原さんの自宅に近い横浜市で複数回会って話を聞きました。

問題になった「大京労働組合」のウェブサイトを検索してみると、今でもヒットします。確かに、表現や文章はあまり「行儀が良い」とは言えません。大京のシンボルであるライオンや社長の顔写真を掲載して「偽」の文字をかぶせたり、あれこれ揶揄する文言が付いている。これは意図的に相手を怒らせる、挑発していると私は感じました。「ピンハネ」とか「悪徳」「偽装請負」とかの文言も「淡々と事実を指摘する」あるいは「疑問を提示する」という境界線を超えて、過剰に相手に悪い印象を付与しています（その画像を公開できないので説明がわかりにくいことをお詫びします）。

もちろんこれは、私のような専業記者が見た感想にすぎません。が、記者よりさらに行儀の良い表現の世界に生きている裁判官には、また別の印象を与えるでしょう。

強調しなくてはならないのは、次の点です。先に述べた通り、一般市民は「どういう表現をしたら名誉毀損罪で逮捕され、有罪になるのか」という線引きを知りません。学習する場もありません。市民はそれぞれ自分の考えた通り、感じた通りに文章や写真・イラストなどで表現します。その自由は保障されています。

問題は、その表現の内容を「逮捕・起訴・勾留・加罰」という権力の強制力で修正することなのです。これは社会全体というビッグ・ピクチャーで見れば過剰だと私は考えます。後述するように、いかに不都合なものであっても、言論には言論で対抗すればよい。百歩譲って刑法の名誉毀損罪を適用するにしても、逮捕せずに在宅で起訴すれば法律の役割は果たせます。

ウェブサイトをそのままにしておいても、消費者はそれぞれの判断を下します。「いくら労組でも、こんな乱暴な表現のウェブサイトは信用できない」と思う人もいるでしょうし「大京のマンションを買うのはやめておこう」と思う人もいるでしょう　本来、言論や表現の評価はそういった「情報を受け取る人たち」の「見えざる手」に評価を委ねるべきものなのです。

大半の人はそんなウェブサイトが存在することすら知らないまま過ごします。知ったとしても、信用しなければ、無視します。その情報は淘汰されます。それでよいのです。「大京アステージという会社に雇用されたのに、大京ライフという別会社に派遣された形になっているのは偽装請負である」「社友会の会費を給与天引きしたまま返さないのはピンハネだ」などなど、大京労組のウェブサイトには様々な話が公開されていました。いずれも大京側にとってはネガティブな情報です。大京側は告訴状や刑事裁判の法廷で「事実無根」と否定しています。

では、ウェブサイトの内容は虚偽ばかりかというと、そうでもありません。

２００７年2月から3月にかけて、横浜北労働基準監督署と厚労省神奈川労働局長名義で大京ライフ社に3件の「是正勧告」「是正指導」が行われています。法廷にも証拠として提出されていますので、そこから拾います。

＊「協定で定めた時間を超えた時間外労働を行わせた」「協定の日数を超えて休日労働を

行わせた」（同2月9日付）
＊「厚労省の許可・届け出をせず労働者派遣事業を行っている」（同3月22日付）
＊「賃金の一部を控除するための協定を結んでいない」「社友会会則を周知していない」（同）

その一部は報道されています。朝日新聞の紙面から引用します（2008年2月29日付夕刊社会面）。

大京子会社、無断天引き　給与から毎月200円　労基署、是正勧告

「ライオンズマンション」で知られるマンション分譲大手・大京（東京）の子会社が、従業員の給与から親交組織への会費名目で毎月200円を無断で天引きしていたのは労働基準法違反に当たるとして労働基準監督署から是正勧告を受けていたことが分かった。06年に親交組織を廃止した時点で会費資産は約1億円に上り従業員に分配されたが、仕組みを知らされないまま退職した過去の在籍者は分配を受けていない。

勧告を受けたのは、大京子会社のマンション管理会社・大京アステージ（東京）から管理員業務を請負契約で受注する同じく子会社の大京ライフ（同）。約3800人の管理員を雇用し大半が60歳以上の高齢者という。

勧告は07年3月に横浜北労基署が行った。大京によると、大京ライフ横浜事業所が社友会の会則を管理員らに知らせないまま会費を徴収したことなどが労基法に違反するとされた。大京の説明では、天引きしていたのは20年以上前からある大京グループ従業員の親交組織「大京社友会」の会費。給与明細の控除欄に「社友会　200円」とあるだけで、パートを除く大京ライフの全管理員から会に関する説明なしに毎月徴収していた。大京とアステージの社員へは説明を行っていた。集めた金は従業員の慶弔費に充てていたという。

内部資料によると、同会は05年4月からの1年間に約1400万円の会費収入があり、前年度からの繰越金も約9500万円あった。一方「慶弔見舞金」の支払いは約1千万円で、06年3月末時点で約9900万円の資産残高があった。

同年9月に会の廃止を従業員らに通知し同10月、残った約9900万円を従業員に分配した。

大京は「在職者向けの制度という位置づけなのですでに退職した人から返還を求められても対応はできない」としている。


ウェブサイトが公開したものと同じ内容で、労働基準監督署が是正指導・勧告をした。さらに新聞もそれを報道している。ここから2つのことが言えます。
(1)ウェブサイトには「公益通報」つまり公共の利益にかなう内部情報があった。
(2)ウェブサイトが伝えようとした事実そのものは虚偽ばかりではない。
伝えようとした事実は間違いではなかった。すると、名誉毀損罪の裁判で争われるのは、それを「どういう文言・表現で書いたか」という「字句論争」＝「表現」だけになってしまいます。

不幸なことに、私の予想は当たり、裁判所は公益性などの事情を考慮しませんでした。ただウェブサイトの文言だけを添削指導のように字句ごとに検討し、免責要件を満たすかどうかを判断しただけです。

「表現がすぎた」だけで5カ月間の勾留

２０１０年10月、東京地裁は笠原さんに懲役1年・執行猶予3年の有罪判決を言い渡しました。笠原さんは控訴しましたが、翌年8月、東京高裁は判決を変えませんでした。笠原さん側は最高裁に上告せず、有罪判決が確定しました。執行猶予がついたので、懲役刑のために刑務所に入ることはなかった。しかし、笠原さんは逮捕・起訴で警察・検察に約5カ月間勾留されています。裁判所の判決が出る前に、その量刑の半分もの期間、自由を奪われています。

「表現がすぎる」からといって逮捕拘束され罰を受けるというのは、どう考えても過剰です。そもそも、司法機関が強制力を使って「市民が何を書いて公表していいのかを決める」のでは、市民の側からすれば戦前の検閲制度と変わりません。

フェイスブックやツイッターに何かを書いて公開するときに「この表現を裁判官はどう考えるだろうか」と念頭に置きつつ書く市民がどれほどいるでしょうか。普通はそんなことはしない。そもそも、裁判官がどういう言語感覚の持ち主なのか、など普通の市民は知る機会すらありません。

むしろ「検察官や裁判官はどう思うだろうか」などと市民が考えて表現を抑制するような社会は、自由を保障する民主主義社会とは言えない。結果として、検閲に等しい作用を社会にもたらす。私はそう考えます。

結局「大京労組」のウェブサイトは閉鎖されました。会社側は刑事告訴の目的を達したといえます。

しかし一方、会社側も「労組や内部通報など、自分に不利な情報を潰すために司法権力を借りたのではないか」というネガティブな社会評価を避けることはできません。事実かどうかは別として、そう認識する読者が発生するのは避けられないのです。企業としてのリピュテーション・ダメージを負ったといえるでしょう。

つまりこの事件は、会社側も労組側も双方がダメージを負った「オール・ルーザーズ・ゲーム」（全員が敗者）なのです。「挑発する」→「相手が強硬手段に出る」→「力による衝突が起きる」→「双方がダメージを受ける」という、国際政治学で言うところの「エスカレーション・シナリオ」が起きたのです。これは最悪のシナリオです。

ここで学ぶべき教訓は何でしょう。一般市民だけではなく、企業経営者側にも共有したいと思うのは次の点です。

(1)言論・表現には、言論・表現で対抗すればよい。具体的には、大京側が労組のウェブサイトの記述や表現に異議があるなら、自社のウェブサイトなりで反論、訂正すればよい。消費者はその双方を見て判断する。それで社会的評価はバランスが保たれる。インターネットなら印刷物や広告のようなコストもかからない。

(2)そこに司法権力を導入すると、過剰な力のアンバランスが起きる。

(3)例外として、言論・表現に物理的な暴力・破壊の予告や脅迫などが含まれていることもある。しかし、それに対処する法律は名誉毀損罪とは別にきちんと存在する。

(4)刑事告訴は「被害の届け出」なので、告訴した方が最初から「自分は被害者である」と設定できる。捜査が始まった時点で、届けられた方が「加害者」として設定される。

つまり出発点からアンバランスである。

(5)刑法に名誉毀損罪があるのは事実だが、それに頼ると、告訴した側も社会的評価にダメージを負う。

そして繰り返しになりますが、次の2点は社会全体が持つ問題です。

(6)一般市民はインターネット上の表現を理由に逮捕される法律があることを知らない。

(7)一般市民には「この境界線を超えたら、刑事告訴された場合、有罪になる」という表現上の線引きがわからない。それを学ぶ社会学習の場も設けられていない。

ちなみに、弁護士の中には、こうした名誉毀損など「言論事件」を得意とする人もいます。しかし、その数は極めて少数です。多めに見積もって、全国で20~30人でしょう。そしてその多くが、マスコミ企業の集中する東京に偏在しています。少数なので、その多くはマスコミ企業の顧問弁護士になっています。弁護士料金が高額に設定されている人も多い。敷居が高くないと言えばウソになります。

「ウェブサイトを公開する前に、内容を弁護士に見せて相談してみましょう」と勧めようと思ったのですが、現実にはハードルが高いのです。

インターネット時代に「名誉棄損罪」はいらない

最終的な解決は、刑法230条の名誉毀損罪を削除することだと私は考えています。明治時代初期の言論を取り締まるための法律が21世紀のインターネット時代にまだ残っていて、しかも司法当局が活発にそれを適用しているという現実は、あまりに前時代的であり、民主主義社会の自由に逆行しています。

しかし、法律を変えるには、国会の議決を経なければできません。衆議院・参議院の過半数の賛成を得なければならないのです。先頭に立つ国会議員が誰かいるのでしょうか？　私は悲観的です。残念ながら、ここで私の思考は隘路に入ってしまうことを告白せざるを得ないのです。

本書の取材のために、笠原さんに8年ぶりに会って話を聞きました。病気をしたそうで、痩せて見えました。ご無沙汰のお詫びにと昼食に誘った寿司屋でも、ほとんど箸を付けませんでした。ネットもパソコンもやめ、携帯電話も持たない生活をしています。

――事件をどう振り返っていますか。

「裁判官は品の高い人たちなので、一般市民が使うような下品な表現には非常に敏感で、嫌悪感を持ちます。これは弁護士に言われたことですが」

――裁判官が生きている言葉の世界と、市民の言葉の世界は違うのが当然です。なぜ市民が裁判官の生きている世界の言語感覚に従わなくてはいけないのか、まったく合理的な根拠が見いだせないのです。

「庶民がどういう言葉を使っているか、自分の立ち位置を変えてみないとわからないのです。しかし、法廷で裁判官は（裁判官席から）上から被告を見下ろしてジャッジします。『上から目線』なんです。庶民と同じ位置に立っていない。同じ人間なんだから、同じ立ち位置に立つのが大事だと思うんですが。あれでは『高みの見物』です」

――受験勉強秀才として偏差値上位大学に進み、司法試験に受かって裁判官や検察官になった人と、普通のおじさん・おばさんの言葉の感覚は違って当たり前だと思います。なのに「私の世界の言葉からすれば、この表現は行きすぎ」と裁判官や検察官が市民の自由を拘束したり、刑事罰を加えるのでは「表現の自由」は成立しなくなります。

「裁判官は、法律用語には詳しく精通したプロフェッショナルなんでしょうね。でも、市井の庶民の言葉の感覚なんて、わからないし、わかろうとしないのです。これはもう『市民のための裁判所』ではないです」

――ＳＮＳに書き込むときに、一般市民は「裁判官はこの表現をどう思うだろうか」とか考えません。それを知る機会もない。

「昔は携帯電話もインターネットもＳＮＳもなかったんです。新しい技術ができたんなら、新しい時代の法律感覚があっていいと思います。なのに、明治時代の法律をそのまま使っている。時代に合わせて法律も解釈も変えなくちゃいけないでしょう。まったくおかしい。時代は変わってるんですから。どこまでが許容範囲で、どこからがそうでないのか、具体的に細かく決めないと、この問題は延々と続きますよ」

〈注〉この章では、ネット言論に刑法の名誉毀損罪を適用する話に限定しました。つまり「刑事」だけです。もう一つ、日本の裁判所には「民事訴訟」という制度があります。批判や内部告発を民事提訴で妨害したり抑止したりする行為を「ＳＬＡＰＰ

訴訟」と呼びます。こちらも本が1冊埋まってしまうほど膨大な内容ですので、割愛します。ご興味のある方は、拙著『ＳＬＡＰＰ訴訟とは何か』（現代人文社）をご一読ください。

ＳＬＡＰＰ訴訟の例でもわかるように、ネット言論に対抗する手段として、民事訴訟は十分すぎるほどの抑止効果を持っています。この点からも、刑法２３０条の名誉毀損罪は「屋上屋を重ねる」法律でしかありません。発言者に二重の加罰効果があるという点で、過剰なのです（ラーメン花月・日本平和神軍事件と大京ライフ事件では発言者は刑事告訴だけではなく民事提訴もされています）。

第5章

自衛のための〝かかりつけ弁護士〟

かかりつけの弁護士を持つ時代

ここまで、あなたのような「普通の市民」が普通に生活をしていく中で「法律を知らないでいるために落ちる落とし穴が多数ある」というお話をしました。

しかし、あなたはこう思うのではないでしょうか。そんな法律知識など、難しくてわからない。それを勉強して身に付けろと言われても無理だ。

ごもっともです。ひごろ法律や司法組織を取材の対象とする私自身、日本の法律は市民が気軽に学び、わがものとするには難解すぎると感じています。こうした難解さが市民を法律から遠ざける悪因であることは間違いないのですが、改善される気配すらありません。私自身も、取材で必要ならば岩にかじりついてでも学びますが「いつ起こるかわからない危機に備えて勉強しておく」などというやり方を、あなたのような普通の市民に求めることは現実的ではないと考えています。

ご心配なく。そういう法律知識が必要なときに備えて、法律の専門職である弁護士がいるのです。司法試験に合格した「法曹職」（弁護士、検事、裁判官）の中で、市民に広くドアを開けているのは弁護士しかいません。

これは、あなたが病気になったとき、ケガをしたときのために、医者がいるのと似ています。普通の市民は、病気やケガを自分で治す医療知識を持たないのが当たり前です。そういうときは病院なり診療所なりに行って、代価を払い、医者という「医療専門家」の専門知識のサービスを受けます。当たり前すぎるほど当たり前のことです。弁護士も、医師のように、市民に「日常生活の中で目で見える」存在になるべきだと思います。

私は、みなさんがそれぞれ「かかりつけの弁護士」を持つようお勧めします。なにか体調が悪いときに「どの医師にかかるか」みなさん心当たりがあるのではないでしょうか。近所の診療所かもしれません。高校時代の友人が医師になり、勤務している病院かもしれません。そうした「かかりつけのお医者さん」のように「かかりつけの弁護士」を各人が一人は知っているべき時代になった。私はそう考えています。英語で「かかりつけの医者」を「Home Doctor」というように「Home Lawyer」が必要になったと思うのです（事実、アメリカでは各家庭にホーム・ロイヤーがいるのが一般的です）。

前述したような、路上で突然警官に職務質問されたときに備えて、そうしたホーム・

ロイヤーの電話番号がスマホのメモリーに入っているのが望ましい。危機のときにはすぐに連絡して、できればその場で警官と携帯電話で話してもらうのです。病気になったときはまず医者に行くように、危機に陥ったとき、契約書にハンコをつくときなど、判断が自分ではできないときには、まず弁護士に連絡する。助けやアドバイスを求める。それがないうちは、判断を留保する。そんな習慣を身に付けてほしいのです。

ニーズに合った弁護士を見つける難しさ

しかし、弁護士をどうやって見つければよいのでしょう。

これは難しい問いです。

医師なら、クリニックにせよ病院にせよ、看板を出して街で営業しています。駅構内に広告だって出ている。ネットで検索すればホームページがヒットします。新しい街に引っ越しても、市町村役場が医療機関をパンフレットにまとめていてくれたりします。

しかし、弁護士事務所はそういう仕組みにはなっていません。雑居ビルの一室に入居し、１階エレベーターホールに事務所名のプレートがある。そんな程度の作りです。

今となっては信じられない話ですが、２０００年秋まで、弁護士は広告を出すことが禁じられていました（日本弁護士連合会則など）。「平穏な市民生活を営むためには、誰でも弁護士のアドバイスが必要だ」。私が本書で主張している内容が、広くは認められていなかったのです。

医師の場合ですと、「医療法」は昭和23年（１９４８年）の施行当初から、厳しい制限付きながら、医師の広告を認めていました。その事実と比べると、なぜ弁護士が医師より「敷居が高い」ままだったのか、理由の一端が垣間見えます。ずっと長らく、普通の市民にとって弁護士は「見えない」存在だったのです。

注意してほしいのですが、弁護士はそれぞれ「専門分野」あるいは「得意分野」が分かれています。例えば、警察に捕まったときには刑事事件の経験のある弁護士でないと上手に対応できません。しかし、弁護士には医師のような専門分野の表示がないのです。職場でセクハラ・パワハラを受けたとき、不当に解雇・配転されたときなどは、労働・雇用問題に経験のある弁護士でないと対応が難しい。日本社会の利害の対立は実に多種多様な分野に及び、細分化し、それぞれに関係法令や判例が積み重なっています。ジャンルが違えば、弁護士といえども、勉強せねば対応できないのです。

しかも、弁護士自身は、なかなかこの事実を認めたがりません。良心的な弁護士なら「その分野は私は経験がありません」「私には難しいですね」とはっきり言います。しかし、中には、経験も知識もない分野の弁護・代理人を無理に引き受けて惨敗する人もいます。私は、そうした実例を数々目撃してきました。

医療機関にかかる場合なら、足を捻挫して眼科に駆け込む患者はいません。下痢をすれば皮膚科ではなく胃腸科なり内科に行くでしょう。ところが弁護士にはそうした「専門科目」の表示がないのです。弁護士がウェブサイトなどで表示している「専門」は「自称」にすぎません。これはまた別の大きな問題なのですが、本書では深入りしません。

もう一つ、あなたのような市民が弁護士を「敷居が高い」と感じる大きな理由の一つは、支払うべき報酬が明確に公示されていないことです。医師なら、健康保険を使えば全国どこでも料金は同じです。そしてかかった診療費の3割だけを患者が負担すればよいことが広く周知されています。

実は、弁護士への報酬は、その都度、仕事の内容（交渉だけなのか、裁判を起こすのか、事件の社会的意味など）や依頼者の経済状態によって変化します。つまりケース・バイ・ケース。「依頼者であるあなたと、弁護士が合意した金額」が弁護士への報酬なのです。事実、福島第一原発事故の被害補償をめぐる被災住民の起こす訴訟では、多数の弁護士が「報酬は度外視」で住民側の弁護に参加しています。

とはいえ、報酬額は決して安くはありません。なにしろ専門職を雇うのです。「代理人として雇う」という契約を交わした時点で支払う「着手金」と、すべてが解決した時点（判決、和解など）で支払う「成功報酬」を合算すると、どんなに安くても10万円単位、高ければ100万円以上は覚悟せねばなりません。あなたのような普通の市民にとっては大金の出費になるでしょう。

医師にかかる場合は、医療費が高くても7割は保険が負担してくれます。あなたは3割を払うだけでよい。こうした「保険」という制度が弁護士に存在しなかったことが、市民に「料金の割高感」を与え、弁護士を縁遠い存在にしていました。その結果、市民が冤罪被害に遭うなど、法律で守られているはずの権利を侵害されることが頻発していた。それが私の記者としての観察です。

（なお、２００2年以後は、訴訟金額１４０万円以下の事件では、司法書士も弁護士と同じ仕事をすることができるようになっています。）

すでに誕生していた「弁護士保険」

さて、ここで一つお断りをせねばなりません。

ここまで書いた前提で、私は「弁護士保険」の創設を提唱するつもりでした。弁護士の法律的ケアの必要になった人に、弁護士報酬の負担を軽くする保険です。

今や、市民が法律専門家のケアを必要とする頻度は、医療専門家のケアを必要とする頻度に並びつつある。敷金や職務質問をめぐるトラブルに心ならずも巻き込まれるリスクは、現代日本社会では、病気やケガ並みに高い。しかし「弁護士がどこにいるのか」「どうやって連絡すればいいのか」「何が専門なのか」「自分に合う弁護士をどうやって探せばいいのか」を市民に知らせる仕組みが存在しない。その高額な報酬を分担して、トラブルに巻き込まれた人の負担を軽減する仕組みも存在しない。

このまま、本来は法律的に保護されるはずの市民の権利が侵害され続けるのは、病気になった人を放置するのと同じであり、リスクや恐怖、不安を放置することになる。これは市民生活にとって不健康な状態であり、社会全体の安定にとってもマイナスである。

残念ながら「医療ケアと同じように、法律的ケアが市民生活には不可欠」という現実は、もはや否定できません。

自動車を購入すれば、強制的に損害賠償保険（自賠責）に入らされます。いくら「私は事故なんか起こさない」と言い張っても、自動車を運転する限り、事故を起こして他人の財産や身体に損害を与えるリスクをゼロにすることはできません。もしあなたが「万一の事故」を起こしたときに、相手は自分の財産や健康、生命を失い、何の補償も受けられないという状態だったら、どうでしょう。怖くて通りを歩けない。車を運転する人も激減するでしょう。社会を運営する前提になるはずの「セキュリティ」（広義での『安全』）が担保されないのです。すると、社会生活そのものが停滞します。

そこで「自動車の普及は現代日本の生活に不可欠」という現実を否認するのではなく、

それを肯定したうえで、ではセキュリティをどう担保するのか、を考えなくてはならない。そのソリューション（解決）の一つが「保険」です。

あなたが通りを歩けば、警官がやって来て職務質問するリスクをゼロにすることはできません。賃貸住宅に住む限り、敷金を奪われる可能性もゼロにはなりません。リスクがあるなら、それに備える。その方が社会は安定します。

そういうロジックで「弁護士保険」の創設を提唱するつもりだったのです。

ところが、本書を書くために取材を進めているうちに、そういった弁護士保険をつくり、商品として売り出している企業がすでに存在することを知りました。私が提唱するつもりで構想していた弁護士保険の内容にかなり近い内容でした。市民が弁護士のアドバイスを得ることができる身近な窓口として、ご紹介したいと思います（なお、私はこの企業に面談取材に行っただけです。広告費を受け取ったり、接待饗応などの便宜を受け取ったりしていないことを明言しておきます）。

東京・人形町のオフィスビルに、その会社「プリベント少額短期保険」はありました。その弁護士費用保険には「Ｍｉｋａｔａ」（ミカタ）という商品名が付いています。

どこか大手の損害保険会社、あるいはスピンオフ企業かと思ったら、違いました。ゼロから立ち上げ、財務省の認可審査を通ったベンチャー企業だったのです。私の取材に対応してくれたのは、二人の創業者のうちの一人、香月裕也・営業本部長（50）です。

その説明に沿って、同社の弁護士保険の内容を述べます。

月額2980円の保険料を払う。契約期間は1年

←

保険がカバーしてくれる対象

(1)法律相談

＊1事案につき2万2000円が上限

＊1年間の合計10万円が上限

(2)弁護士費用＝弁護士に事務処理の委任をした場合の費用のこと

＊「特定偶発事故」＝300万円が上限

＊「一般事件」＝100万円を上限に、着手金、手数料のそれぞれ70％

⑶法律相談と弁護士費用の合計は年500万円が上限

⑷複数年にまたがる場合は合計1000万円が上限

＊特約＝月額の保険料に630円を上乗せすると、弁護士費用5万円の免責分がなくなり、全額を保険でカバーしてくれる。

＊「こちらが被害者になり、相手に請求する場合」でも「こちらが加害者になり、相手が請求してきた場合」でも、どちらでも保険は効く。

もう少し詳しく見ていきます。

注1　⑵でいう「特定偶発事件」とは「急激かつ偶然な外来の事故による身体の障害または財物の損壊に係る法律事件」とあります。難しいですが、要するに「アクシデン

ト」（事故）のことです。例えば次のような内容です。

・自動車事故の被害者または加害者になった。
・自転車で人身事故を起こした。被害者になった。
・スポーツ事故。ゴルフやテニスで誰かにケガをさせた。あるいはケガをした。
・火災・爆発事故。
・突発的な事故で何かを壊した。壊された。
・マンションの上階から水漏れが起きて家具や壁紙がダメになった。

こちらの場合は、弁護士費用のうち「着手金」「手数料」「報酬金」「日当」「実費」が100％保険でカバーされます。

注2　⑵でいう「一般事件」とは「特定偶発事件に該当しない法的トラブル」を指します。事故のような「急性」ではない「慢性」の事案と考えればよいでしょう。

・自宅が欠陥住宅であることがわかった。
・近隣と騒音や敷地境界、ゴミ出しなどでもめている。
・亡くなった家族の遺産相続で親族ともめている。
・配偶者との離婚。
・勤務先からリストラされた。
・職場や学校でいじめに遭った。未成年でも、親が弁護士保険に加入していれば適用される。
・医療過誤。
・金融商品をめぐるトラブル

こちらは着手金の70％（5万円の免責あり）と手数料の70％がカバーされます。

注3　注2の一般事件には「待機期間」があります。加入してからしばらくは保険が適

用されないのです。

＊金融商品など「リスク取引」。＊相続・離婚・親族関係のトラブル＝待機期間１年

＊それ以外の一般事件＝待機期間３ヶ月

注4　なお「保険」なのですから当然ですが「まだ起きてない損害」にしか保険は適用されません。すでに法的紛争が発生している、原因が始まっている場合は、カバーされません。事故を起こしてから損害保険に加入して、保険会社に「保険で払ってくれ」と主張しても認められないのと同じです。

注5　企業や団体の業務に関する紛争には保険が適用されません。

注6　そのほか、いろいろ「保険が適用されないケース」が示されていますので注意し

てください。

＊法律相談料も弁護士費用も適用されない例

まず注意してほしいのは「刑事事件として起訴された案件」は保険対象から除く、と明記されていることです。検察庁が起訴したら（在宅でも）保険は適用されません。「では、逮捕されたが起訴されていないという事件はどうでしょう」と香月本部長に聞いてみたのですが「無理でしょう」とのことでした。

つまり刑事事件では、同社の弁護士保険の適用はほとんど諦めた方がよさそうです。市民が弁護士の助けを必要とするもっとも深刻な場面は、刑事事件の「冤罪」でしょう。自分がやっていない「犯罪」によって逮捕されたり、起訴されて裁判になることです。警察や検察庁による留置・勾留で、延々と閉じ込められ、自由を奪われます。有罪判決を受ければ刑務所で懲役に服さなければならない。「免田事件」「布川事件」など、冤罪で30年以上の自由を奪われた例もあります。

強盗殺人事件で警察に疑われる事態はめったにないことですが、通勤電車の中で痴漢に間違われる「痴漢冤罪」は頻発しています。こうした刑事事件に巻き込まれた人は、法律ケアがもっとも緊急に必要だといえます。いわば重症の救急患者です。しかし、同社の弁護士保険は適用されない。そう考えておきましょう。

その他の「保険が適用されない例」です。

・憲法・法律・条約・政令・条例の制定や改廃を求める訴訟
・故意または重大な過失
・麻薬を摂取した状態で行った行為
・アルコールなどの影響で正常な判断ができないときの行為
・自殺・自傷行為。自分の財産を壊す行為
・宗教・政治・思想・学術・技術の解釈や論争
・戦争・暴動。台風・地震など自然災害。大気汚染・水質汚濁。核燃料物質・アスベス

ト・外因性内分泌かく乱化学物質（俗に言う環境ホルモン）

＊法律相談には適用されるが、弁護士費用には適用されない例

個人事業主にせよ企業経営者にせよ「業務」に関連して生じる法律トラブルでは、弁護士費用は保険では出ません（相談料は出ます）。破産・民事再生など会社整理、手形小切手事件などです。

私のようなフリーランスで仕事をする者はどうでしょうか。記者だけではなく、音楽家や俳優など表現者は「フリーランス」という業態が多いのです。

フリーランスで仕事をする友人から相談されることが多い「報酬滞納」のケースについて。俳優やミュージシャンが「ギャラが支払われない」、出版社がフリーライターに書籍の印税や記事の原稿料を払わないようなケースです。

「相談料」「弁護士の紹介」まではカバーされます。が、いざ依頼することになっても「着手金」「報酬」はカバーされません。

一方、また、私のようなフリー記者が書いた記事やネット上の発言が名誉毀損などで民事提訴された場合も、「相談料と弁護士の紹介まで」とはいえ、カバーされます。言論を妨害する目的で提訴されるＳＬＡＰＰ訴訟の抑止に大いに役立つのではないかと思います。昨今は、私のような専業記者だけではなく、市民が書いたブログやＳＮＳ（ツイッターなど）でも名誉毀損訴訟は頻発していますので、効果がありそうです。

その他にも、同社が「審査をしてみたが、保険を適用しない」と判断するケースもあり得る、という留保は付けておかねばなりません。

私の記者および個人としての経験から言うと、世の中には「裁判所で審理するほどの公的価値がない民事事件」も現実に裁判所に多数持ち込まれています。また、自己顕示欲やいやがらせ、私怨の報復のために民事訴訟を使う人たちも存在します。ＳＬＡＰＰ訴訟のような裁判制度の悪用も現実に行われています。

弁護士保険にいろいろと適用除外項目が設けられているのも、こうした逸脱した事案に保険や裁判が濫用されないための予防策であるとの説明でした。「使えない事案」がたくさんあるのは残念ですが、訴訟の濫用を防ぐためにはやむを得ないでしょう。

この保険が興味深いのは、24時間対応の「何でも悩み事相談ダイヤル」を設けていることです。看護師や栄養士、社労士、警察ＯＢといった「専門家」に話をつないでくれます。確かにこれは、法律問題に限らず、専門知識のアドバイスがほしい市民には便利な窓口になりえます。

ただし、残念なことに、肝心の弁護士への電話相談は「1回15分まで」「月曜日～金曜日の午前10時～午後2時まで」と制限が付きます。例えば深夜、第2章にあるような警察官による職務質問を受け、緊急に弁護士のアドバイスを求めたくても、電話では無理だということになります。


実は、こうした弁護士を紹介してくれる窓口は、長く待たれていたのに、実現しませんでした。弁護士法が「お金を取って弁護士を斡旋すること」を禁じているからです（これも市民から弁護士を遠ざけてきた背景の一つです）。この保険会社がどうやってこの法律をクリアしたのだろうと思ったら、この部分は日本弁護士連合会に任せているとのことでした。

香月本部長は、外資系金融会社の出身です。

長く外資系金融会社で働いたのち、弁護士事務所を顧客に、人材やPCソフトウエアを提供する会社を経営しました。そうした業務で弁護士たちと数多く接するなか「体調が悪ければ病院に行くのが当たり前なのに、法律的なトラブルに巻き込まれても弁護士に相談せず泣き寝入りする人が少なくない」という指摘を聞いたそうです。その理由として「弁護士の知り合いがいない」「弁護士費用を払う金銭的余裕がない」という声が出たといいます。これは、前述した私の考える問題意識とも重なります。

「弁護士保険に加入しています」カードの威力

同社の活動で興味深いのは、加入者に「弁護士保険に加入しています」と示すカード（財布に入れておける）と玄関前に掲示できるプレートを配布していることです。前者は、緊急の事件に巻き込まれたとき、相手や警察に見せることで「この人には弁護士のバックアップがある」（つまり法律専門家の保護がある）と伝えることができます。また、後者は、悪徳商法のセールスマンが訪問先を選ぶときの警告となるでしょう。つまり「弁護士保険に加入している」と公知することが、そういったトラブルの抑止になると会社側は期待しているのです。

これは一理あります。玄関前に警備保障会社のステッカーを貼っておくと、空き巣や強盗の抑止になるのと似ています。

この弁護士保険のような「短期少額保険」は、２００６年の保険業法改正で生まれた業態です。既存の損害保険・生命保険に比べて保険金額が小さく、契約期間も１～２年と短期である一方、資本金が最低１０００万円（既存の保険は10億円）、免許制ではなく登録制と、起業のハードルが低く設定されています。保険の対象も「ペット」「山岳遭難」「モバイル機器の破損」など、より細かな分野に特化しています。

プリベント社は、２０１１年４月に準備会社を立ち上げ、２０１３年５月に開業。同年７月から保険が有効になりました。２０１８年４月現在の契約数は１万２０００件だそうです。

なお、弁護士保険の細目のすべては紙数の限界でとても書き切れませんので、下記ウェブサイトを見てください。同社に資料を請求してもよいでしょう。

https://preventsi.co.jp/

「法テラス」という選択肢

もう一つ、市民にとって弁護士を知る窓口になってくれる組織を紹介しましょう。「日本司法支援センター」愛称「法テラス」です。前述の弁護士保険は純粋な民間企業ですが、法テラスは法務省管轄、日本国政府が総合法律支援法に基づいて設立した独立行政法人。いわば「官営」です。設立は２００６年４月です。

市民にとって法テラスが便利な点を挙げましょう。

(1)全国主要都市に事務所を持ち、相談窓口を開いている。フリーダイヤルやメールによる相談も受け付けている（ただしこちらは弁護士の対応ではありません）。

(2)弁護士との相談は30分５０００円。３回までできる。

(3)所得・資産が一定額より低い人には、弁護士との相談を無料でしてくれる。弁護士と契約したときの料金を無利子で建て替えてくれる。

ちなみに「一定額」とは、東京・大阪のような大都市に住む単身者で月収約20万円です。返済額は月5000円～1万円。

誤解なきよう強調しますが、法テラスで「ただで弁護士が雇える」のではありません。あくまで弁護士を依頼することで発生した費用は返済せねばなりません。

しかし、これだけ全国各地に事務所を開き、連絡先を公知しているのですから、弁護士の知り合いが身近にいない人には「駆け込み寺」として有効です。また、お金の蓄えが乏しい人にとって、無利子かつ低負担の返済制度は、非常に優れた制度であることは間違いありません。

あえて付言するなら、法テラスは「官立」の組織ですので、市民への対応は「役所に似ている」と覚悟しておいた方がよいでしょう。

2018年春、東京に住む知人女性が職場でセクハラ・パワハラに遭いました。私は法テラスの存在を伝え、弁護士に相談するよう勧めました。

後で彼女に感想を聞いたところ「いかにも新米という感じの若い弁護士が２人出てきて、表面的な法律論を話して30分の相談時間が終わった」とのこと。それに５０００円払った。あまり印象は良くなかったそうです。結局彼女は別の弁護士を探して代理人として契約しました。

しかも、法テラスでもやはり、対象は民事事件だけに限られます。**刑事事件では「国選弁護」という制度が適用されます。**国選弁護人制度は刑事訴訟法で定められた制度です。「法テラス」という窓口は同じなのですが、まったく制度が別なのです。

この「国選弁護人」という制度は、刑事訴訟法に定められている重要な制度です。起訴された人に法律的なアドバイザーを付け、その権利を保護する制度です。

しかし、この制度は「行き届いている」とはとても言えません。

まず、逮捕された段階では国選弁護人は付けることができません。逮捕から48時間が経って送検され、身柄や書類が検察庁に移されてからでないと国選弁護人は付きません（拘留場所が逮捕時と同じ警察署のままであることが常態化しています。これを俗に『代用監獄』と呼びます。本来は被逮捕者の権利侵害なのですが、一向に改善される気配がありません)。普通の市民は逮捕されただけでも不安のどん底に突き落とされます。一刻も早く弁護士が接見した方がいい。そういう「逮捕された側」の気持ちには応えていません。

(警察は、逮捕したら48時間以内に検察庁に身柄を送致しなくてはいけないことが刑事訴訟法の定めです。検察庁が身柄の拘留を必要とせず、あるいは裁判所が却下して、逮捕されただけで釈放されることもあります)

さらに、国選弁護人の刑事裁判での働きについては、元被告だけではなく、司法を取材する記者たちに加えて、弁護士業界ですら、評判はあまり良くありません。背景として「国選弁護人への報酬が低すぎる」など問題点がさまざま指摘され続けているのですが、改善される気配がありません。また、国選弁護人制度があっても、冤罪が頻発している事実から考えても、制度が有効に機能しているとは言い難い。これも深刻な問題なのですが、本書で論じるには大きすぎて紙数が足りません。深入りはせず、制度の存在と問題点を指摘するにとどめます。

もう一つ、日本弁護士連合会は「当番弁護士」という制度を作っています。警察官や検察官、裁判官など逮捕・起訴後に接する人に「当番弁護士をお願いします」と言えば呼んでくれる（ことになっています）。家族が呼ぶこともできます。

警察官の取り調べを受け、調書に署名・捺印してしまったらもう修正できないことは前述の通りですから、その前に当番弁護士を呼んでもらって「ここは任意なのか」「話したくない、と言っても不利ではないのか」「署名・捺印を拒否できるのか」などを確認しておくと心強い。

しかし、当番弁護士は最初の1回の接見しか無料では来てくれません。もちろん、そのまま弁護人として契約することもできますが、そこからは有料です。たまたまその日に「当番」だった弁護士が刑事事件に強いとは限りませんし、あなたと相性がいい、親身になってくれるとは限りません。その点は含み置いてください。

刑事事件専門の法律事務所があった

それでは、刑事事件に詳しい弁護士を見つけたいときにはどうすればよいのでしょうか。「私は逮捕されるようなことはしない」「警察には無縁の生活だから大丈夫」などとは思わないでください。路上で職務質問されたとき。通勤電車で痴漢に間違われたとき。何度でも強調しますが、あなたが想定していなくても、トラブルはある日突然向こうからやって来ます。

インターネットで「刑事弁護専門」を掲げている法律事務所を見つけました。その一つである「刑事弁護士相談ＰＲＯ」をご紹介します。東京・銀座にある事務所で、馬場《うまば》龍行さん（35歳）と竹内省吾さん（33歳）の2人の弁護士に会って話を聞きました。

最年長の馬場さんは、弁護士になって8年目。いずれも3〜8年目の若い弁護士4人が作る事務所です。かつては、交通事故を専門とする弁護士事務所に所属する同僚だったそうです。今年4月、共同で「法律事務所エース」を立ち上げた。できたてのホヤホヤの法律事務所でした。

ホームページを見てすぐに気づくのは携帯電話の番号を公開していることです。誰につながるのかと思ったら、弁護士本人が電話に出るのだそうです。警察に逮捕され、不安のさなかにいる本人や家族にとっては、すぐに弁護士と連絡が取れた方がよい、弁護士本人と話せば安心する、との判断です。すぐに警察署に接見に行くそうです。

「さすがに夜間は寝ているので、厳密には24時間すぐ電話に対応できるわけではなく、翌朝起きてからの対応なのですが……」

そう言う馬場さんと竹内さんに会って驚きました。ネット広告に出ている「弁護士たち」は、俳優やモデルではなく御本人たちだったのです。これも斬新だと思いました。私の知る古い世代の弁護士たちは、積極的に自分の事務所を公知しません。まして携帯番号や顔写真を公開したりしません。確かに、電話やメールの向こう側にいる弁護士の顔がわかる方が、依頼する側にとっては安心です。

いまは馬場さん一人が携帯電話を取っていますが、以前は４人の弁護士が１週間交代で取っていたそうです。これは、救急外来や産婦人科の病院勤務医が、休日で自宅にいても呼び出しに応じる当番制度「オン・コール」に似ています。実際に、第一報の相談電話がかかってくるのは午後11時から午前２時が多い、といいます。

＊「薬物」
実際にはどんな内容の相談が多いのでしょうか。

＊「暴行・傷害」＝身近な例で言えばケンカ
＊「詐欺」＝身近な例では食い逃げ
＊「業務上過失致死・傷害」＝身近な例では交通事故
＊「盗撮」「痴漢」

月にだいたい30件ほどの相談があり、実際に受任に至るのはそのうち2、3件だそうです。逮捕された人の知人や家族が連絡してくるケースが多い。家に来た警察官に任意同行を求められ、警察署に連行された時点で連絡する人も多い。

そうした人たちはどうやって刑事弁護士相談ＰＲＯを見つけるのか聞いてみました。やはり、インターネットでの検索、それもスマホからの検索で見つけた人が多いとのことです。

また、料金もホームページで公開されています。本人が逮捕容疑を認めている「自白事件」で着手金は30万円。「否認事件」は50万円です。これも古い世代の弁護士たちには見られない特徴です。

こうして見ていくと「刑事弁護士相談ＰＲＯ」は「誰もがスマホを持ち、インターネットで検索をして情報を探す」という新しい情報環境に生まれた、弁護士業界の「ベンチャー」であることがわかります。「刑事弁護士相談ＰＲＯ」という名前も、ネット検索で発見しやすい「看板」というふうに理解できます。

興味深いのは、電話での相談にはお金を取らないことです。かかる費用とか、これから待ち受ける警察・検察や裁判所での刑事手続きを、電話で説明をすると、それだけで安心して終わってしまうこともある。それも仕事の一部として引き受けています。「自分がこれからどうなるのかわからない」という逮捕された人にとっての最大の不安を解消することも業務と考えているからです。官立の「法テラス」ですら相談に料金を取っていることを考えると、これは良心的な試みだといえるでしょう。

また、職場でのリストラやセクハラ、いじめなど「労働問題」の相談が入ってくることもあります。これは刑事ではなく「民事」の分野に入ります。しかしそれも断りません。そのまま受任することもあります。

実際に、同法律事務所の弁護士には離婚事件を専門にしている人もいます。事務所が担当している分野を大きく分けると「交通事故」「不貞慰謝料」「残業代請求」「Ｂ型肝炎特別措置法」そして「刑事事件」の5つだそうです。

私が取材してきた刑事弁護を得意とする上の世代の弁護士たちとは、文化が違うことに気づきました。そうした刑事弁護士たちは、警察や検察と法廷で対峙することで「国家権力の不正を正す」「市民の人権を守る」などなど、崇高な理念を掲げる人たちが多い。

馬場さんたち若い弁護士は「刑事弁護が好きで、やりがいを感じる」と話す一方、「すごい崇高な理念がある、とかではありません。刑事弁護は必要性が高いからです」と、もっとニュートラルな言葉で語ります。

これも私には新鮮な印象でした。

また、私のこれまでの取材経験では、刑事弁護をやりたがらない若い弁護士が多かったのです。その理由としてはこんなことがありました。

＊昼夜関係なく対応しなくてはならない。逮捕は24時間いつ行われるかわからない。逮捕された人の接見は夜が多い。

＊逮捕後48時間で送検、その後は10日ずつ2回の勾留など、法律上の期限が決まってい

る。その間、納得できない調書に署名・捺印して取り返しがつかないことにならないよう、スピードが要求される。
＊逮捕される人は経済的に恵まれない人が多く、多額の報酬は望めない。
＊逮捕され留置・勾留されている人は精神的にストレスが高いので、対応するのが大変。
＊「逮捕されるような人々」と接すること自体が苦手という弁護士も多い。
＊殺人事件などの被逮捕者の弁護を引き受けると、弁護士までバッシングされる。
こうして、刑事弁護よりは民事、特に知財や企業法務などに進む弁護士が多数派なのです。24時間いつ急患で呼び出されるかわからない産婦人科や救急外来ではなく「９時から５時」勤務ができる眼科や皮膚科になる若い医師が増えるのと似ています。

「メンタル的な大変さは確かにあります」

馬場さんはそう言います。

「しかし、依頼者に好きも嫌いもありません。むしろ『普通の人たちが、犯罪に陥ってしまうのだな』と感じるのです」

まったくその通り。馬場さんの言葉どおり「普通の人たち」が法律の落とし穴に落ちてしまう現象こそが、私が本書で強く警告したいことなのです。

そして私が希望を見いだしたのは、法律事務所がちゃんと採算が取れている、という話です。これからの「誰もが法律のアドバイザーが必要な時代」には、こうした形態のインターネットやスマホを基本前提にした法律ケアが増えていくのかもしれません。

〈注〉「刑事弁護士相談ＰＲＯ」のウェブサイトはこちらです。

https://keijibengopro.com/

あとがき

私の32年間の記者生活の中で、読者からもっとも大きな反響があった記事は何ですか。そう問われることがあります。

答えは、本書で書いた「敷金」の記事なのです。

2000年、私が敷金を取り戻すまでの顛末をニュース週刊誌「アエラ」に2ページ書いたところ、文字通り「山のような」読者からのFAXや手紙、メールが編集部に届きました。その多くが「敷金は退去のときに入居者に返さなくてないけないとは知らなかった」「大家が敷金を返してくれない」「返還されないままになっている敷金を今からでも取り戻せるだろうか」という内容でした。「部屋が汚れていたんだから当然だと貸主に冷淡にあしらわれた」「仲介業者に頼んでも取り合ってくれない」と電話で切々と訴える人もいました。その後も数年間、読者からの問い合わせは断続的に続きました。総数ではどれくらいの連絡があったのか、数え切れません。

その次に多かったのが「警察官の職務質問にどう対応したらいいのか」というノウハ

ウを公開した記事でした。こちらは、敷金の記事から10年ほど経ってから、ツイッターで20~30件の連投形式で公開しました。すると万単位でリツイートされ、私のアカウントに「もっと詳しく教えてほしい」「本にまとめてほしい」「よく書いてくれた」という声が殺到しました。さらに私の連投は「まとめサイト」にまとめられ、それがまたリツイートされ、また私に問い合わせのツイートやコメントが殺到しました。こちらも、何カ月か間を置いては反響の波が何度も打ち返してきます。リツイートにリツイートを重ねるうちに、どんどん波紋が広がったようです。

お断りしておきますが、私は敷金や職質ばかり書いてきたのではありません。Jポップからインターネット、メディアリテラシー、福島第一原発事故など幅広く本に書いてきました。ジャック・ニコルソンやデンゼル・ワシントンといった有名俳優、スティービー・ワンダーのような世界的なミュージシャンのインタビューも多数書いています。そういった「誰もが知っている対象」の方が反響は大きいかと思えるのですが、実際はそうではありません。

そうした結果を見ながら考えました。なぜ「敷金」「職質」が読者の強い反応を呼んだのでしょうか。

＊情報空白＝そもそも、そうした「落とし穴」がある事実そのものが知られていない
＊身近＝誰もが被害に遭う可能性がある
＊多数＝被害に合う可能性がある人の数が多い
＊深刻＝被害が発生したとき、数十万円の金銭を失う、犯罪者にされるなど結果が重大
＊不安＝いつ、どこで被害に遭うかわからない

その後「敷金」「職質」とはまったく別に、ネット言論の取材を続けるうちに、同じ性質を持っていることが浮かび上がってきたのが、第4章で取り上げた「ネットに書き込んだら逮捕された」という実例です。本文で書いたように、ネットが一般市民を刑法犯にしてしまう「地雷原の入り口」であることは、広く認識されているとはとても言えません。また民事訴訟が多発する危険地帯であることも知られていません。

そもそもブログ、ツイッターやインスタグラムに何かを投稿した時点で、誰もが見る

ことのできる状態に「公開」されてしまうことを意識しないで使っている人が実に多い。炎夏の盛り、若者がコンビニのアイスクリーム用冷蔵庫に潜り込んで涼を取る「いたずら画像」を公開したら「不衛生だ」と轟々たる非難が殺到、コンビニが閉店に追い込まれた話をご記憶ではありませんか。

一度、私が気づいた様々なジャンルの「地雷原」についてまとめて報告したい。そして危険回避の予備知識を持ってほしい。地雷原を回避してほしい。引きずり込まれても、できるだけ無傷で生還してほしい。この本にはそうした願いを込めています。

それにしても「敷金は入居者に返還するのが原則」というルールを政府が公開してから20年が経っています。私がそれを記事にしてから18年です。それでもなお、年間1万4000件のトラブル相談が寄せられているのです。「知識が広がらないこと」でいかに被害が延々と続くか、空恐ろしいものがあります。これは社会全体にとって時間、金銭、労力といった資源の浪費でしかありません。

仮に、1万4000件の相談一件当たりの敷金金額を30万円と仮定しましょう。総額では年間42億円の敷金が「返せ・返さない」のトラブルになっているのです。これは立派な社会問題ではないでしょうか。

それが認識されないのは、そうした認識や知識を市民に広めようとする「啓蒙」の動きが低調だからです。「チカンあかん」「チカンは犯罪」というポスターは地下鉄やJRの構内の至る所にある。「酒気帯び運転するな」という警告もある。しかし「敷金返さなアカン」というポスターは見たことがありません。職質被害に至っては、沈黙が社会を満たしています。新聞・テレビといった影響力の大きなマスメディアを見ても、そうした市民の自衛のためのリテラシーを向上させる記事や番組はほとんど絶無に等しい。

1人の被害者が42億円を騙し取られたなら大ニュースですが、1万4000人が30万円ずつ自分のお金を黙って持っていかれても、ニュースにはならないのです。「広く薄く広がる被害」には、マスメディアは鈍感なのです。

私は、報道記者の一人として、なんとかこの「情報空白」を埋めたいのです。

本書での私のもう一つの問題提起は「こんな状態で、現代日本は民主主義国と言えるのだろうか」という疑問です。

「職質」の章を読み返してみてください。

「みなさんが街を歩くときには、あちこちに警察官がいますので、どうか彼らに注意して歩いてください」

そう読めませんか。わが文章ながら、ジョークのようで笑ってしまいます。

警察官は本来、市民の身体や財産の安全を守るのが職責です。あちこちに警察官がいれば市民は安心して街を歩けるはずだ――。

しかし実態は逆です。「無から有を生む伝家の宝刀」と職務質問をガンバる警察官によって、犯罪とは無縁の市民(ときには元国家公安委員長の国会議員・弁護士でさえ!)が疑われ、カバンや体を捜索され、警察署に連れ込まれ、延々と拘束されます。仕事で使う十徳ナイフをカバンに入れていただけのエンジニアが、犯罪者にされてしまったという事件は、そのほんの一例にすぎません。

悲しいかな、調べれば調べるほど「警察官がウロウロしているので注意しなくてはいけない」という倒錯した現実を認めざるを得ないのです。

百歩譲って、認めましょう。警察・検察が権力濫用に走りがちなことは、国の東西を問わず広く見られる現象です。

しかし、西欧型民主主義を標榜する諸外国では、裁判所や（本来は検察も）新聞・テレビといったマスメディアがそうした機関の権力行使をチェックして、抑制しています。「権力監視」と呼びます。しかし日本では、裁判所もマスメディアも、その役割をほぼ放棄してしまっていることは、本書を読んだ方にはご理解いただけると思います。

そうした西欧民主主義型諸国とは反対に、日本の裁判所は、できる限り権力行使を是認しようとします。明治初期の言論弾圧のための法律がまだ生きているのに、マスコミも法曹界も問題を指摘しません。それどころか「ラーメン花月事件」では、新聞は筆者を総がかりで攻撃しました。大京労組のウエブサイトの表現をめぐって委員長が逮捕された事件は、報道すらされていません。

つまり、私たちが暮らす日本社会は、落とし穴だらけであるばかりか、落とし穴に落ちた人を途中で受け止める「セーフティネット」がないのです。いったん落とし穴に落ちると、真っ逆さまに底まで転落して、大ケガを負うしかないのです。

こうしたセーフティネットが機能不全に陥った社会は、果たして「民主主義社会」と言えるのでしょうか。私は悲観的です。

返す返すも、恐ろしいことです。

そんな寒々とした社会の中で、案外、市民は平穏に暮らしています。取引先との打ち合わせやプレゼンをつつがなく終えること。遅刻せず保育園にわが子を「お迎え」に行くこと。そちらの方に一般市民は心を砕くことでしょう。サッカー試合の結果やアイドル少女歌手の「卒業」の方に関心が行くかもしれません。あるいは、対戦中のネットゲームの行方や、ワンちゃんニャンコちゃんの餌やりかもしれません。

自分がある日突然、犯罪者として自由を奪われて閉じ込められたり、自分のカネを持っていかれたりするかもしれない、といった恐怖にかられることは、まずありません。「のん気」と言いたくなるほど平穏です。

なぜなら、彼らは「知らない」からです。

日本社会のあちこちにある地雷原の存在を知らないからです。

傍から観察している私には「目隠しをしたまま、知らずに断崖絶壁の谷に架けられた丸木橋を渡っている人々」を見ているような気分です。「ハラハラする」どころではありません。どうしたわけか奇跡的に渡り切ってしまう人もいるのですが、何人かは転落します。その屍が積み上がっていくばかりの谷底を見続ける私の気持ちを、どうかご想像いただきたい。

こうした「市民が知らないままでいる」状態ほど、制限のない力の行使を望む人たちに好都合な環境はありません。

「敷金」で言えば、「敷金は退去時に入居者に返すのが原則」と借り主が知らないでいてくれる方が、貸主にはお金が入る。「職質」で言えば、市民が「職質を断っても法律違反ではない」「裁判所の令状がない限り、身体検査やカバン検査は断れる」「警察署に行く義務もない」と知らないでいてくれる方が、職務質問はスムーズにはかどり、警察の摘発数（＝評価対象になる業績）は増えます。「警察官が作った供述調書に署名・捺印すると、もう撤回できない」ということを知っていれば、署名・捺印を拒否する市民が増えることでしょう。しかし、それは警察にとっては「業務がやりにくくなる要因」でしかありません。貸主にせよ警察官にせよ、相手が無知で、何事もハイハイと自分の言う通りに従ってくれるに越したことはないのです。

そうした人々には「できるだけ市民は知らずにいてほしい」と願う動機が生まれます。文字通りにそう意識していなくても、真面目に職務を遂行しようとすればするほど、妨害要因を排除したいという動機を捨てることはできません。少なくとも、積極的には相手に告知しないでしょう。

つまり現代日本では「無知は利用される」のです。

少なくとも、そう想定しておいた方が身を守れます。

こうした民主主義社会としての機能不全を「警察官はヤクザ同然」「裁判官は世間知らずの馬鹿なのだ」「しょせんあいつらはマスゴミだから」といった「人間的資質」のせいにすることは賢明ではありません。そうした誤った問題設定は、問題の本当の原因を隠し、現実の改善を遅らせてしまいます。ここに露呈しているのは「法律」「制度」「組織運営」といった「システム」に何か深刻な故障が起きている結果と考えるのが妥当でしょう。法律や制度が機能不全を起こしているのなら、改めればよいのです。私が刑法の名誉毀損罪の削除を提案するのも、そうした理由からです。

西欧の格言では「知識は力である」（Knowledge is power）と言います。平たく言うと「知っていることで、あなたには力が備わる」という意味です。本書で言えば「敷金は入居者に返還するのが原則」と「知って」いれば、退去時に貸主に堂々と請求できます。拒否されても気にする必要はありません。裁判所に行けば、簡単な手続きで取り戻せることを「知って」いればよいのです。そうした知識という「力」をあなたは「自分の身体や財産の安全を守ること」に使えます。あなたの財産を不当に奪われることは起きません。それが私の言う「自衛のための知」です。

私は、報道記者の責務とは、こうした「自衛のための知」を市民に手渡すことだと考えています。

どうか本書が、みなさんの生活が無事である一助になりますように。

二〇一八年一〇月　東京・月島にて

烏賀陽　弘道

敷金・職質・保証人

——知らないあなたがはめられる

自衛のための「法律リテラシー」を備えよ

著者　烏賀陽弘道

2018年11月25日　初版発行

烏賀陽弘道（うがや　ひろみち）
1963年、京都市生まれ。京都大学経済学部を卒業後、1986年、朝日新聞社に入社。名古屋本社社会部などを経て、1991年からニュース週刊誌『アエラ』編集部員。1992年に米国コロンビア大学国際公共政策大学院に自費留学し、軍事・安全保障論で修士号を取得。1998年〜1999年にアエラ記者としてニューヨークに駐在。2003年に退社し、フリーランスの報道記者・写真家として活動している。主な著書に、『フェイクニュースの見分け方』（新潮新書）、『Jポップは死んだ』（扶桑社新書）、『原発難民』（PHP新書）、『福島飯舘村の四季』（双葉社）。

発行者　佐藤俊彦
発行所　株式会社ワニ・プラス
〒150-8482
東京都渋谷区恵比寿4-4-9 えびす大黑ビル7F
電話　03-5449-2171（編集）
発売元　株式会社ワニブックス
〒150-8482
東京都渋谷区恵比寿4-4-9 えびす大黑ビル
電話　03-5449-2711（代表）

装丁　橘田浩志（アティック）
柏原宗績
DTP　平林弘子
印刷・製本所　大日本印刷株式会社

ISBN 978-4-8470-6139-4
ワニブックスHP　https://www.wani.co.jp